比較革命史への道

日本史からの問い

三谷博

白水社

日本史からの問い——比較革命史への道

装幀＝コバヤシタケシ
装画＝佐貫絢郁
組版＝鈴木さゆみ

日本史からの問い——比較革命史への道＊目次

はしがき

日本史にはどんな不思議が隠れているだろうか。今まで語り伝えられ、当り前と考えられた物語は、本当にそう信じて良いのだろうか。日本史は独特なものと語られることが多いが、そこに人類に普遍的なものが潜んでいはしないか。稀に見えるからこそ、日本以外の社会をより深く理解する手掛りが得られるのではないだろうか。

この本は、そうした問いを胸に抱き続けてきた日本史家が、その探求の中から一般向けの講演やエッセイを選び、一書としたものである。

以前、『維新史再考』（ＮＨＫ出版）を上梓したとき、故郷の友人たちからもっと読みやすいものを出してくれないかと頼まれた。最初の講演記録がその期待に応えるものであってほしいが、本書には、私の維新理解のエッセンスや現代日本の課題への提言も加え、さらにそれらを生み出した知的模索のあとも収めることにした。

筆者は今年、古希を迎えた。病弱だった幼少時を考えると奇跡のように思われる。かつ、壮年時の予想に反して、知的衰えもあまりない。さすがに記憶力は落ちたが、新たな領域の探求に乗り出すに必要な意志と思考力はまだ頼りにできそうである。
この幸運は父母の慈しみと二十世紀後半の世界が可能としてくれたことだが、筆者個人にとっては学友の存在が決定的だった。教室は無論、国内や海外での出会いは、その都度、筆者を啓発し、さらなる探求へと誘ってくれた。この共に学んだ方々への感謝として、かつこれから出会う方々への挨拶として、本書を編む。

二〇二〇年一月

I　世界の中の明治維新

維新への旅——現代世界から維新の日本へ

一　世界に向けて明治維新を語る

こんにちは。初めて柳井に来ました。月性生誕二百周年にちなんでの、全七回の講演会〔二〇一七年に山口県柳井市で開かれた「いま、蘇る幕末維新」連続講演会〕のトップバッターに選ばれて、たいへん名誉に感じております。明治維新が世界の中でどのように見えるのかという、大づかみのお話を今日はしようと考えております。

先ほど、私は広島県福山市の出身だとご紹介をいただいたのですけれども、ご存じの通り、備後福山藩は、長州戦争では浜田口に攻め込んで、みごとに蹴散らされました。私自身の先祖は武士でなくて商人だったものですから、直接の関係はないのですけれども、福山出身の人間が招かれて話をすれば、たぶん長州、山口県で語られてきた話とは違う見方が出てくるのではないかと思っています。その点を、ちょっと注意して聞いていただけたらと思います。

先ほどこの会場で、初めて剣舞を拝見しました。そのとき吟詠されたのは月性さんの有名な漢詩ですね。私は高校の国語の授業で習った覚えがあります。同文圏の中国や朝鮮にまで伝わって、毛沢東とか安重根とかいった人も感銘を受けて、この詩句を引用しているそうですね。「男児志を立てて郷関を出づ」。どういう志かというと、世を知り、世に役立つために学問をすることで、そのために故郷を離れることにした。「学若し成る無くんば復還らず」。もし学問が成就しなかったら再びこの地にはもどってこない。非常に強い決意を示しています。

このあたりは、今から五十年くらい前、私が十八歳で福山を出た時の思いにやや重なってまいります。私は当時、モノになるかならないか全然自信がなく、これほどの強い決意があったわけでもありません。けれども、できればそうしたいなと、たぶん思っていたはずです。残念ながらまだ学が成っていなくて故郷に帰れない状態のままです。今書いている本が完成すれば帰ってもいいかな、というくらいのことです。

「骨を埋むるに何ぞ墳墓の地を期せん」。先祖代々が暮らしてきた地に、自分も骨を埋めるのが儒学の教える理想だけれども、できないかもしれない。しかし「人間《じんかん》到る処青山有り」。そうならなくても、とにかく故郷を出て広い日本、あるいは広い世界で活躍し、偶然どこかで倒れることがあっても、それは全く後悔しない、どこに葬られても良い、それで我が人生は全うされるのだ。そういう強い決意を語っているのです。ですから世界中の人に共感を持ってもらえる。今の日本の若者は、あまりこういった野心は抱いていないように見えますけれども、しかしなかにはいるかも知れません。世界を見わたすとこういうタイプの人はずいぶんいます。

そういう人が読んで共感し、発奮する、なかなかいい詩だなと思っております。

明治維新研究者としての志

幕末の月性にとっては、広い世界とは日本。現代で言えば世界。故郷とは日本で、その外の広い世界とは、世界全体でしょう。私自身がやって来た仕事もそのような志向を持っていて、専門とする明治維新がどういうものであったかを世界の人に納得してもらおう、というより明治維新を手がかりにして人類がいまだによく理解できていないことを納得できるようにしたい。そういう思想というか、思考の道具を開発し、提供しよう。それが私の野心でした。たぶん二〇一七年五月には、オックスフォード大学が出しているアジア史の百科事典に、明治維新についての私の解釈が載るはずです。オンラインの百科事典ですけれども、Meiji Revolution「明治革命」というタイトルを使っています。

日本人はいろいろと明治維新の研究をやってきたのですけども、外国人にも分かるように説明するということはほとんどなくて、世界の人びとにとって明治維新とはよく分からない事件のままです。二十世紀の常識では「革命とは君主制の打倒である」ということでしたが、明治維新は逆に、まさに君主制というものを再確立することによって行われた大変革でした。それからもう一つ、革命とは人がたくさん死ぬことである、何百万、何千万の人が死ななきゃいけない。二十世紀を生きた人びとの一部は本気でそう考えておりました。ところが明治維新で亡くなった人の数はとても少ない。約三万人。そうすると二十世紀の常識として明治維新は何か変だ、不思議でよく分からん。それだけならいいのですけれど、まがいものの革命であると思い込まれたふしもあります。それでいいのだろうか。そう思って、明治維新を英語できっちり説明することを試みてみました。ただそんな短い文章では十分ではないので、ちゃんとした明治維新の通史を書いて、さらにそれを英語で出版するということができれば、私にとって学が成ったということになるのかもしれません。

二　現代世界における日本の比重

世界を直観的に見ると

さて本題に入る前に、現在の日本が世界の中でどういう地位を占めているのかということを、地図を使って確認してみましょう。

以下にお見せする地図は、皆さんがふつうにご覧になっている世界地図とちょっと形が違っていて、例えば国ごとの面積とか人口とかが、そのまま地図の上での面積に比例するように描かれています。国々の世界での比重が直観的に分かるという地図です。われわれが見なれている地図ですと、北極とか南極に近いところが巨大になってしまうのですが、これは正確な大きさを示しています。

図1―1は領土面積ですけれども、これをパッとご覧になって、皆さんどうお感じでしょうか。日本が大きく見えるのか小さく見えるのか、という問題です。しかし、これを最初に見た時に、私が一番びっくりしたのは、アフリカはこんなに大きな大陸なのか、ということでした。ふだん見ている地図では赤道に近いところが圧縮されて表現されているので小さく見えるのですが、実際はこのように、とても大きな大陸なのです。

次の図1―2は人口を示す地図です。前図とずいぶん変わって、中国とインドが巨大になり、逆にアメリカは南北ともすごく小さくなっている。その中で、日本を見るとけっこう太めに見える。日本というのは人口の多い国なんです。実は十九世紀でもそうでして、世界で五〜七番目くらいのところにありました。これはたぶん皆さんの常識にはないと思います。それからお隣の韓国も意外に大きく、北朝鮮は予想通りちょっと小さい。

経済、環境、政治的自由

三番目に、経済の規模を見ます（図1―3）。購買力平価によるGDPを描き込んであります。すると中国がこんなに膨らむ。たぶん今はずっと大きくなっているでしょう。世界を見渡すと、北米と西ヨーロッパと東アジアと、三つの大きな塊があって、その中で日本はこんなに大きい。それから隣の韓国や台湾も大きいですね。台湾の領土面積はだいたい九州くらいしかないのですけれども、GDPではこんなに大きいのです。

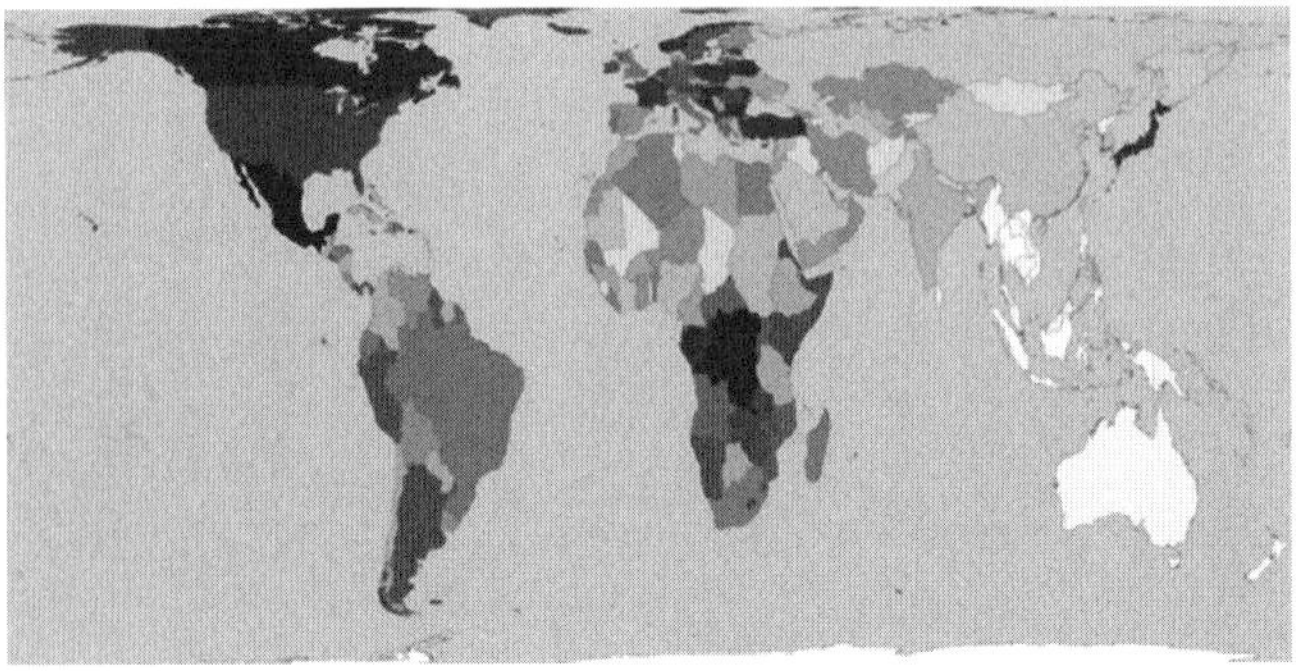

図１－１　領土面積から見た日本の比重（2000 年、Worldmapper をもとに作成）

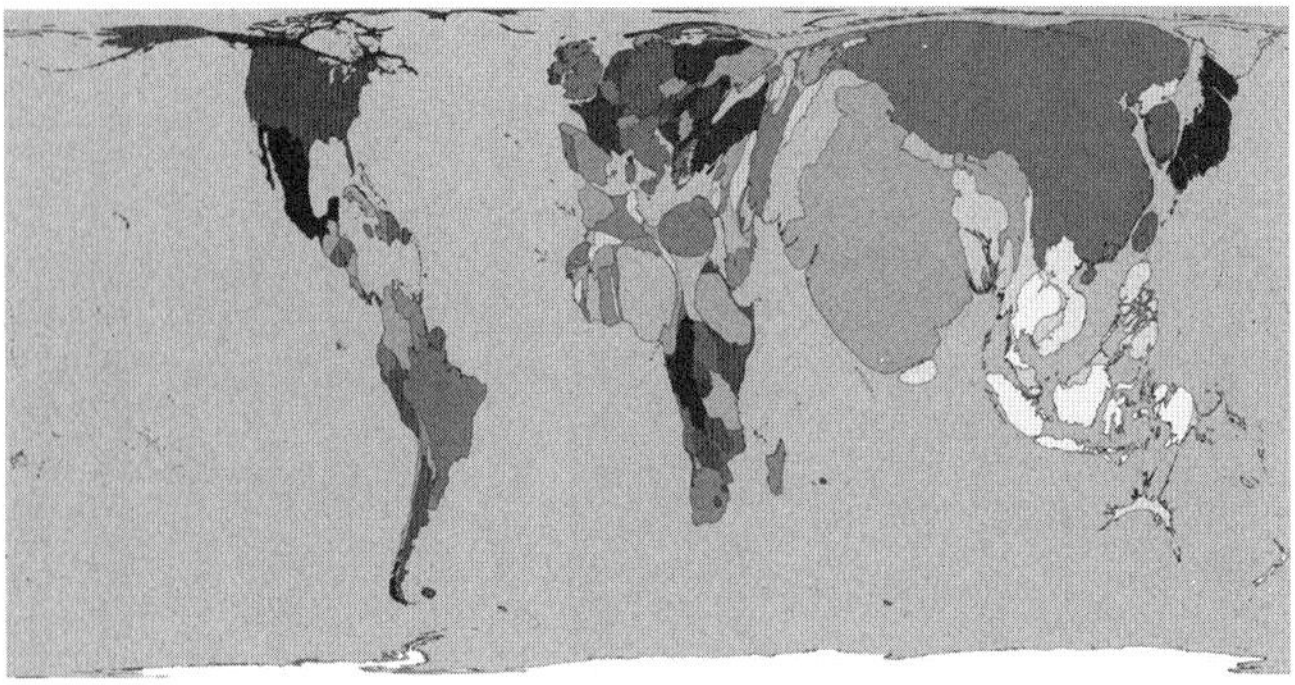

図１－２　人口から見た日本の比重（2002 年、同前）

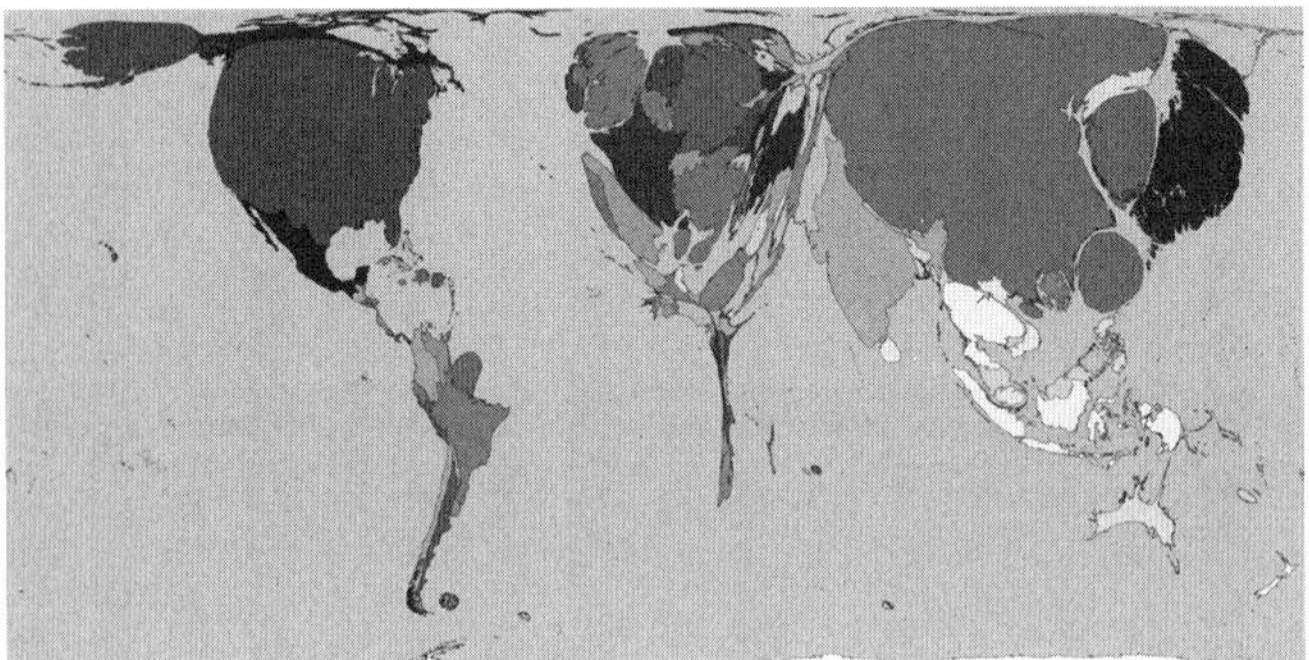

図１－３　経済規模から見た日本の比重（2005 年、同前）

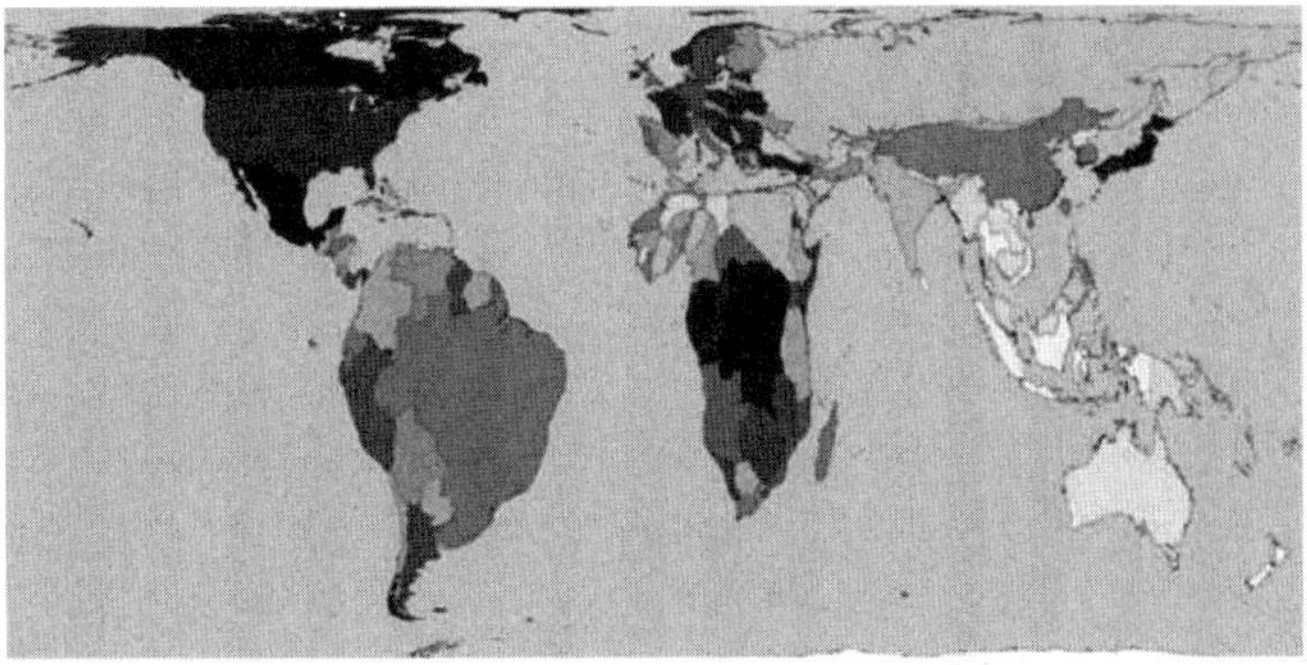

図１－４　森林面積から見た日本の比重（同前）

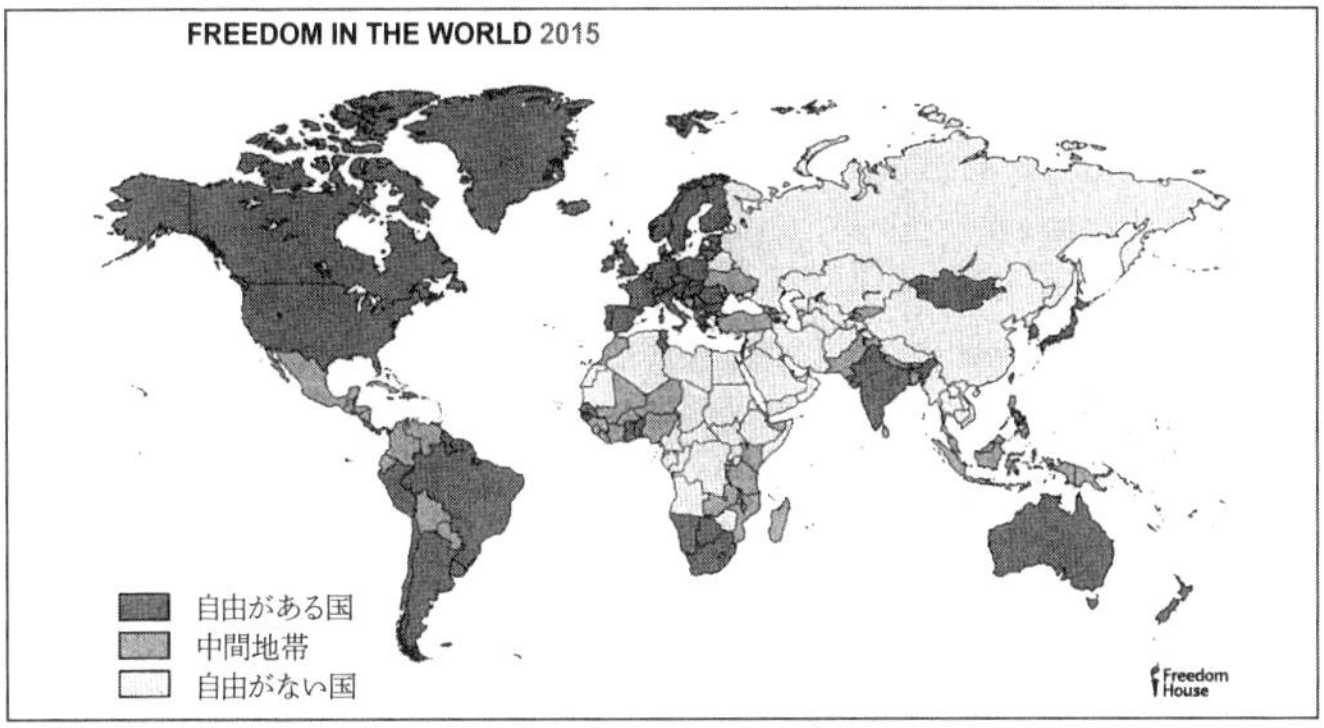

図１－５　政治的自由から見た日本の位置（Freedom House をもとに作成）

自由がある国／中間地帯／自由がない国

第四に、森林の面積だとどうだろうか（図1―4）。二酸化炭素を吸収する点で環境問題に大きな役割を果たしている側面ですが、ここでは今まで細くやせていたロシア、たぶんシベリアが非常に大きくなっている。その多くは森林やツンドラで人がほとんど住んでいない。逆にお隣の中国は、こんなに小さくなってしまう。インドもそうです。地表にほとんど木が生えていないところだということが、これで分かると思います。それに対して日本は非常に森林が多い。世界と比べて樹木の覆う率が非常に高い、ということが分かります。

最後の地図（図1―5）は、政治的な問題。政治的自由がどの程度あるのかということを三段階で表現しています。ご想像がつくと思いますが、濃く塗りつぶされた部分は政治の自由があると認められている国々。最も薄くなっている部分は政治的自由がないところ。その他が中間で、例えば地図中央部のど真ん中にあるトルコは、いまこの中間地帯から淡色の不自由地域に変わりつつある。これはアメリカの「フリーダム・ハウス」というＮＧＯの人権監視団体が発表した二〇一五年の状況ですけれども、これが例えばいまから四十年くらい前、一九六〇年代、七〇年代に同じ地図を描いたらどうだったでしょう。東アジアで濃く塗られているのは日本だけだったはずです。周りの世界と日本とは当時それぐらい違っていた。いまでは韓国と台湾が民主化していますけれども、三十～四十年前までは日本だけが孤立する時代が長くつづいていたのです。

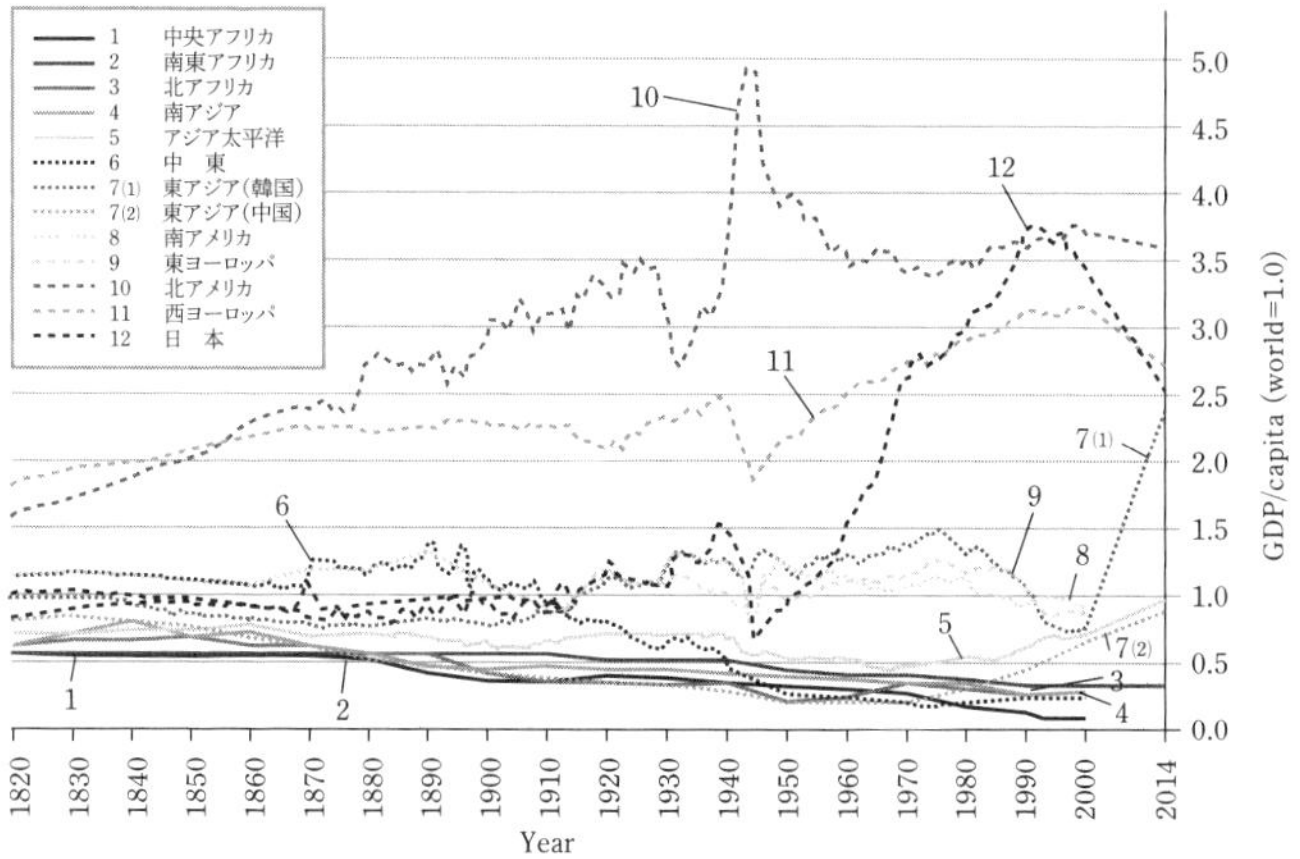

図１－６　世界経済の地域別差異（Worldmapper をもとに作成）

三　近代世界における日本の発展

近代二百年での世界経済の地域的変化

次に見ていただくのは、アンガス・マディソンというイギリスの経済学者が、世界中の統計を集め、それを加工して描いた、一人当たりＧＤＰの世界平均に対する比率、大まかに言って生活水準の長期的な変化を表現したグラフです（図１－６）。地域別に描いてありますが、日本だけは国単位で示してあります。左端はいわゆる近代化が始まった十九世紀初期、右端は現在。マディソンのグラフは二〇〇〇年で終わっていますが、私は最近のデータを得るため、世界銀行が出している数字を加工して、二〇一四年の様子をここに追加しました。

さて、このグラフの出発点、十九世紀の初めに注目すると、高水準にある折れ線10・11の北アメリカ・西ヨーロッパと、折れ線12の日本を含む諸地域とがはっきり分かれていたことが分かります。ところが一九七〇年代に、日本だけが下のグループから飛び出し、欧米並みの生活水準を達成した。

一九四五年、第二次世界大戦が終わった時を見ると、北アメリカだけが一気に上昇し、他はほとんどが落ち込んでいます。あの第二次世界大戦というのは、世界経済に対して強烈なマイナスの影響を及ぼしたことがよく分かりますね。落ち込みがとくにひどかったのは、主要な町がすべて破壊された日本や国土が戦場になった中央ヨーロッパでした。

日本はどう変化してきたか

日本がこの近代という時代にどう変化してきたかを確認しておきましょう。グラフの出発点では下位グループに属していたのが、戦前にはかなり上昇して、このグループから離脱を始めた。しかし、大戦争に突き進んだためにガクンと落ちてしまった。ところが戦後に必死の思いで復興に努力して、その勢いで頑張ったら、先進国グループに入るだけでなく、そのトップ近くにまでなった。これが戦後の歴史です。ですから、戦後日本の改革と努力はとても偉大なものなので、これを見ると戦後は間違っていたという主張がどうして出てくるのか。分かりません。しかし、高度成長の後、日本の生活水準は相対的には下がっています。絶対的な水準が下がったのではありません。他の地域が発展したので、比較上の優位が下がったに過ぎないことに注意してください。

このような近代の歴史の中でずっと低迷していた地域があります。折れ線7の東アジアもその一つです。戦争が終わった後もぜんぜん伸びなかった。中国は再統一された後も、毛沢東が何度も経済を破壊したのでこうなりました。ところが一九七〇年代の終わりごろになって上昇に転じた。まず朴正熙の韓国が成長を始め、次いで中国で鄧小平が改革開放政策に踏み切って、それが功を奏した。最近はどうかというと、私は二〇一四年のデータを加工して、韓国と中国の二つに分けて示してみました。このうち急角度で上昇しているのが韓国です。中国は国全体の経済の規模は大きいのですけれども、人口が多いので平均的な生活水準はまだそんなには上がっていません。韓国は、訪ねた方はお分かりのように、日本とほぼ変わりないくらいになっています。ただし貧富の差というのは国ごとに違っていて、日本は最近急激に格差が増していますけれど、他の国と比較したらまだ少ない方です。中国や韓国での格差はかなり大きい。だから平均は同じであっても、人びとの生活の基礎条件は違うことになります。

さて、このような近隣との差異を生み出した一因は明治維新にあります。一八六〇年代に起きた事件ですけれども、維新によって行われた大改革が、後に低所得グループから離脱を始める基礎条件になった。それから後の歴史、運命というのは、後の世代の責任で、明治維新を生きた人びとには関係がありませんが、彼らはとにかく後の世の出発点を作ってくれたのです。

さて、これから本題の明治維新の話に近づいてゆきます。

四　幕末維新期までの東アジア

交易関係と国境管理

明治維新の出発点は、アメリカの使節ペリーの黒船来航だった。ペリーがやって来なかったら、明治維新は起きなかったんじゃないかというのが、いま常識となっています。ではなぜペリーは来たのか。これは非常に重要な問題です。ただし、この開国に関するいままでの本は、いきなり欧米と日本の関係の話から始めるのですが、その前に、もう一つ大事なことがある。日本を含む東アジアがどういう世界だったかということです。十八世紀にこの東アジアにあった国々が互いにどのような関係を持っていたかということが、明治維新を理解するためにとても重要なのです。

一口に東アジアといっても、ベトナム、タイ、インドネシアなどの東南アジアと、中国や朝鮮や日本など東北アジアとではずいぶん違う。しかし、東アジアの国々は貿易という点で全部つながっていて、十八世紀でもそうでした。いわゆる鎖国をやっていた日本であっても、長崎を通じて、あるいは対馬や琉球を通じて朝鮮や中国と貿易をやっていたのです。リレー式の貿易ネットワークは東アジアの南北全部をつないでいた。これが一つ重要ですね。

しかし国家単位で見て、それぞれの国家がどの程度厳しく国境を管理していたかというと、これはずいぶん違います。東南アジアは緩いのです。国境を厳しく管理しようとする国家はなかった。それに対して東北アジア、中国と朝鮮と日本と琉球、そういった国々は国境管理がえらく厳しかったのです。その中でも一番厳しかったのは日本です。それでどういう結果が生じたかが、とても大事です。

東南アジアの場合は、国境管理が緩かったので、ずっと前から中国南部からたくさんの移民がやってき、その子孫たちはいま「華人」と呼ばれています。インドネシアであろうとタイであろうと、中国系の人たちはずいぶん多い。多民族構成になっているのは、東南アジアの常態で、一つの国に一つの文化を持っている人びとが住んでいるわけではない。それに対して東北アジア、とくに朝鮮と日本には、全くと言っていいほど中国人は入り込めなかった。そこで朝鮮も日本も同じように、長い時間の中で文化的な同質性が高まってゆきました。アイヌなどの先住民や隣国からの移民はいるものの、数はごく僅かで、世界の中でも珍しいほど均質な文化を持つ巨大人口ができた。ヨーロッパ人が聞いたらエーッと驚くでしょうね。同じ国の中にいろんな言語を話す人たちがいるのは当たり前、風俗も違うのが当たり前というのが、彼らの世界で、その点では中国やインドも同じです。

東北アジア四国の相互関係

次に東北アジアの四国、琉球を含めた四国の関係を見てみます。これら四つの国の相互関係は希薄で、あまり関係がなかった。これがやはりヨーロッパと違う点です。しかしその中でも、中国と朝鮮の関係は比較的密接だった。朝鮮の国王は中国の皇帝に朝貢し、国王として認めてもらう。これを「冊封《さくほう》」といいます。朝鮮政府は毎年数回、使節を中国に出します。一人は首都の北京まで、あとは国境までですけれど、それにしても公式の使節が毎年たくさん中国に出かけるのは珍しい。それに対して、例えば中国と日本の関係はどうだったかというと、国交がないので使節が行き来するわけはない。長崎・朝鮮・琉球を介して貿易はやっていますけれども、国交はなかったんです。それが三百年近く続きました。

日本にとって国交があったのは朝鮮と琉球です。朝鮮とは江戸時代を通じて、通信使という使節が十二回日本にやって来ただけで、関係はとても希薄でした。希薄だけれども、日本と朝鮮とは対等な関係でした。これはとても珍しいことで、東アジアではほとんどの国際関係が、どちらかが上でどちらかが下という上下関係からできていたのですが、日本と朝鮮の関係は対等なものでした。

琉球については、ちょっと特殊事情があります。十四世紀に琉球王国が生まれた時、まず中国の王朝に冊封されます。したがって、中国とは国家が誕生したときから関係がありました。ところが琉球の言葉は、文法的には日本語に近くて、中国語とは全然異質です。ですから琉球の人たちは、文章を書くときには漢字だけでなく、日本のかな文字も借用していました。そういう日本と重なる文化的背景はありましたが、ずっと別の国を作っていたのです。

しかし江戸時代の初めに、薩摩の島津家が琉球に侵攻し、支配するようになります。その時、薩摩藩は、九州と台湾の間にある琉球列島のうち、奄美地域は直轄領に組み込みましたけれども、琉球はそのままにしておきました。なぜそうしたかというと、薩摩は中国と貿易がしたい。しかし徳川幕府としては、大名が中国と貿易して富強の国になるのは許せない。しかし間に琉球を挟めば構わないのです。琉球に中国と朝貢貿易をさせ、中国から琉球に入った商品を薩摩に運び、薩摩から長崎などに運んで日本の国内で売ってもうける。そういう中国貿易を確保するために、琉球を独立国として残したのです。したがって、琉球という国家は長い間、形の上では朝鮮と同様に中国の王朝に仕えているけれども、実際には薩摩の監督下にあり、日常的には自主の国として存在していた。

これが東アジアの、十九世紀初めのころまでの様子でした。

そこに西洋人が現われたのです。

五　西洋人の太平洋進出

太平洋探検の開始

ご存知のように、西洋人は十六世紀から十八世紀にかけて、あの狭いヨーロッパ地域から外に出ていって、世界中あちこちに貿易網を広げ、気候の温暖なところには植民をしました。しかしヨーロッパから一番遠い太平洋には、ほとんど関心がなかった。それが十八世紀になると関心を持ち出し、探検を始めます。

一番最初にやったのは領土が接しているロシアで、十八世紀の半ばにベーリングという人がアメリカ大陸まで行って途中で亡くなりましたけれども、彼にちなんでアメリカ大陸とユーラシア大陸の間の海峡にはベーリング海峡という名前がつけられています。その後、十八世紀の後半になって、イギリスのクック、フランスのラ・ペルーズが探検に来て、詳しい記録を残しました。クックはハワイで殺されてしまい、ラ・ペルーズは難破して行方不明になってしまいました。

しかし、災難が起きる前に、彼らは製作していた地図や観察記録を別の船で本国に送っていたので、彼らが作った海図が後の太平洋への進出に役立つことになります。この当時のヨーロッパは、他の世界と違ってサイエンスが急速に発達しつつあって、探検の一つの目的は、サイエンスの立場からそれぞれの土地の地理的特徴や動植物、物産などを調べて記録することでした。それが十九世紀にヨーロッパが始めた二度目の世界進出の基礎になります。他の地域の人たちは、こういう調査はやっていなかったのです。

毛皮を求めて

最果ての太平洋になぜ彼らが姿を現わしたか。最初は毛皮獣を獲るのが目的でした。典型的にはラッコです。いまラッコのストールを持っている女性は多くないはずですが、かつてはふわふわして気持ちよく、最も高級な毛皮とされていたと聞きます。それでオホーツク海などで漁師がどんどん獲ったために、一八三〇年ごろにはラッコもアザラシも少なくなって、商売にならなくなった。

次は捕鯨です。これは食べるためではなくて、油を取るためでした。捕鯨船というのは、海の上の工場です。クジラを捕まえて引き上げたら、すぐ解体して頭部にある鯨油を取り、石鹸などに加工する。肉と骨はほとんどを海に捨てる。それを初めは大西洋でやっていたのが、南米の先を回って南太平洋にやってきて、さらに北に遡って、とうとう日本の沖合までやってきました。しかしながらこれもやっぱり乱獲で商売にならなくなった。ペリーが来る直前のころには、捕鯨は衰退を始めていたんです。ではヨーロッパ人やアメリカ人たちが最後に太平洋に期待したのは何か。中国との貿易です。

西洋人は中国の豊かな物産を目ざした

十八世紀以来、イギリス人は中国からお茶をたくさん買い込むようになっていました。また中国では高級な絹糸が大量に生産されていました。さらに陶磁器も本当にみごと。大きいのも小さいのも非常に立派なものが作られていた。これらをたくさん輸入したいというのがヨーロッパ人やアメリカ人の願いであり、欲望だったのです。以前の維新史では欧米の産業革命でできた工業製品を東アジアに売り込みたいというのが、東アジア進出の目的だと書かれていたのですが、それは全く逆でして、この時代には綿製品を中国に売り込むことは考えておらず、もっぱら高級な消費財を買い込もうとしていた。欧米側が輸入超過になったので、お茶などの対価に困ったイギリスは中国にインド産のアヘンを売り込んで、やっと決済が可能になったという状況だったのです。そうやって欧米人が近づいてきた時に、中国人や日本人はどう対応したか。だんだん話が維新に近づきます。

まずロシアの動きを見ますと、日本にも中国にもほぼ同時に十八世紀の末に使いを出しています。どちらの国も断ります。日本の場合は蝦夷地と長崎に二度使節がやって来ましたがそれを断った。二度目に断った時に相手側は違約だと怒って、北方でちょっとしたいさかいが起きました。しかしそれはすぐ解決されました。

清朝は「三跪九叩頭」の礼を要求した

それに対して清朝の場合は、陸伝いに今のモンゴルの首都であるウランバートル辺りまで使節がやって来て、そこから中に入ろうとしたんですが、拒まれてしまった。なぜかというと、このロシアの使節は、中国側が要求してきた「三跪九叩頭《さんききゅうこうとう》」という礼をしなかった。三度膝まづく、その度ごとに額を三回地面に打ち付ける。三かける三で九回頭を地面に付ける。そういう臣下としての儀礼を、この時ロシア代表はやろうとしなかった。そこで、何も成果なしに帰らされたのです。

次にイギリスです。ただし、日本がイギリスとの関係に入ったのはかなり遅く、ペリーが来た後のことです。逆に、中国は非常に早い時期、十八世紀から関係を持っています。十八世紀には南部の広州から大量のお茶がイギリスに輸出されました。しかしイギリスは、これをもっと盛んにしたいと考えて、十八世紀の終わりから十九世紀の初めにかけて二度使節を出します。最初の使節は会ってもらえたんですが、二度目は拒まれた。中国側の態度がかたくなって、三跪九叩頭を強要するようになったからです。中国は何といっても非常に物産が豊かなところであって、貿易によって得るものは何もない。今まで貿易をしてきたのは、お前たちがあまりにも貧乏で可哀想だから応じてやったのだ。それが清朝皇帝側の考えでした。実際のところ、十八世紀までは中国、とくに長江の中下流域は世界で最も豊かだった地域でした。ヨーロッパも豊かではありましたが、その富はかなりをインド・中国やアメリカとの貿易によって築いたもので、中国とは成り立ちが違いました。いずれでも貧しい人々は国外に移民しましたが、中国の場合は奥地や東南アジアに向かったのに対し、ヨーロッパの場合は海外のアメリカやオーストラリアに植民したのです。

中国と日本——対応の違い

ロシアやイギリスの使節を退けた後、中国は二度のアヘン戦争を経験しました。これは日本が、二十世紀になってロシアと戦争するまで、西洋と大きな戦争をしなかったのとずいぶん違います。

実は中国は、アヘン戦争を始める直前に、要所要所の防御を強化しています。二〇一六年の年末、私は南シナ海から広州に入る入り口の虎門《こもん》というところを訪ねましたが、そこに作られた戦争記念館の説明では、あたりの砲台はアヘン戦争の直前にかなり強化されていた。軍備をしっかりやっていたために、戦争をして構わないと思ったのでしょう。ところが作戦が全然ダメで負けてしまった。二度戦争をやって二度負けただけでなくて、太平天国の乱というものが起きて、清朝の支配領域の南半分は、十年にわたって太平天国が統治するという大波乱が起きました。にもかかわらず、中国の政体を根本的に改革しようとする運動は起こりませんでした。

中国には西洋の科学技術が非常に発達していることを知っていた人は多かったのですけれども、その洋学は身分の低い人にやらせて、中国の統治者たちは自分で学ぼうとはしなかった。これが当時の中国です。

それに対して日本はどうか。武士の統治する国だったけれども、海防はありません。だから月性さんは焦って、坊さんのくせに海防をやれやれと世間に向って煽ることになったのです。幕府はペリーが来た後になって、東京湾に幾つも砲台を作りました。しかし私が見た中国の虎門の砲台に比べると見劣りします。当時の日本を統治していたのは武士だったから、戦争をやって勝てるか負けるかをえらい気にする。少なくとも幕府関係者は必ず負けると分かっていたのです。だから戦争を避けた。その一方、水戸や長州など一部は戦争を国内改革の手段に使おうとした。少々は負けても構わない。西洋との戦争をテコに政治改革を起動しよう。そのあとは開国だ。これが明治維新です。中国と正反対。戦争をできるだけ抑えて、国内改革を一生懸命やった。それから統治者のエリートが自ら横文字を勉強するということもやった。似たような状況に直面しながら、中国とはやったことが逆なのです。

自信がないがゆえの改革

どうしてこの差異が生まれたかということですが、中国では儒学をきっちりやる。儒学を勉強して、「科挙」という厳しい試験に合格した人びとが統治している。「科挙」とは、今の国家公務員試験の原型で、中国は世界で一番最初にこれを行った。男子と生まれたら、儒学を勉強し、試験で儒学の徳目を身につけていることが証明できれば、皇帝直属の高官に抜擢され、その結果、一族は繁栄を極めるというのが中国の常識でした。そんな公平な「機会の平等」を実現する制度を持っているところは世界で他になかったのです。

それに対して日本は、武士が統治してはいるけれども、軍備はない。しかもどんな有能な人でも統治者にはなれない。久坂玄瑞みたいに医者の家に生まれたら、普通は政治家にはなれない。庶民に至っては全くダメという、生まれながらの身分によって差別される世界です。こういう元々の政治体制が違っていて、西洋から圧力が加わった時、片方は自分の住んでいる世界にものすごい自信を持っていたけれども、もう片方は全然自信がない。自信がないから変えなきゃいけないと思った。

今日の話で重要なのは、日本はずいぶん早く改革を始めた。中国や朝鮮が改革を始めたのは、日本の四十年くらい後なのです。この四十年の差が、今に至るまでの国家関係の歪みを生み出したのです。世の中は自信を持っていればいいというものではなくて、今の自分がいかにダメかを反省し、発憤するのが重要なのだということが、歴史ではっきり証明されているのです。

太平洋蒸気船航路の開設

ペリー来航ですが、背景だけ説明します。アメリカ西海岸と東アジアを、太平洋を横断して結ぶ蒸気船航路を開こうとした。それには、ハワイを通る地図上で一直線のコースより、地球儀に糸を張って出発点と到着点を結んでできる北回りの大圏コースが最短距離であることは、皆さんご存知ですね。この当時もそれは分かっていたのですけども、何しろこのコースはものすごい荒れ海で、危なくてしょうがない。後に咸臨丸が近くを航海した時にはひどい目に遭うのです。したがって太平洋の真ん中を通らざるを得ない。

そうすると当時の蒸気船では、これだけの距離を一気に行けるだけの石炭や水は積み込めない。間にいろいろと補給所を設けて、蒸気船はそこに入ったら、あらかじめ帆船で運んでおいた食糧だの水だの石炭だのを積んで、翌日には出発する、そういうことを考えました。アメリ

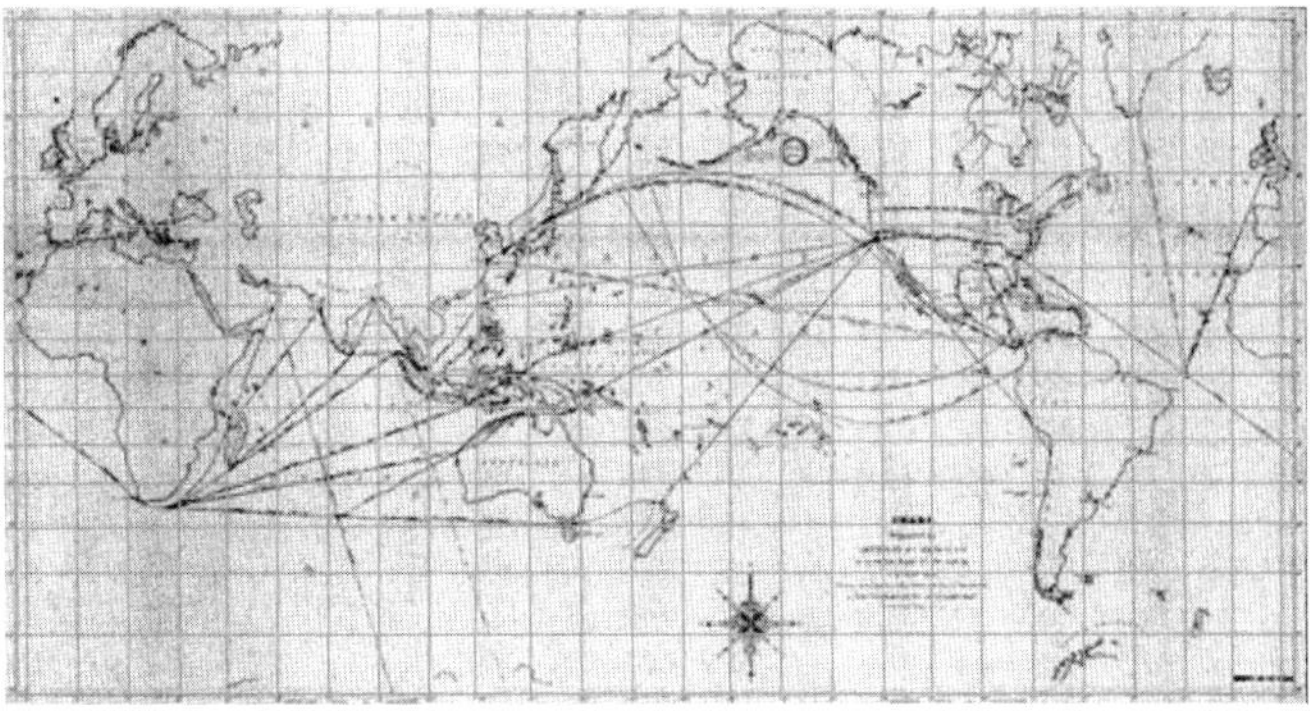

図１－７　アメリカ合衆国の蒸気船航路計画図（アメリカ議会文書より）

カ西海岸から行きますと、ハワイ、ミッドウェイ、それから小笠原、那覇を通るのです。その時に例えば、那覇や小笠原が開港していればいい。しかし、日本では石炭が採れる。蒸気船にはこの方が都合がいい。日本は人口が多い国だから、何か物を買い込むにも売り込むにもいいだろう、というのは二番目の理由でした。ということで、ペリーが日本に来たのは、日本自体が目的ではなかったのです。中国市場とアメリカを連結するために来たのでした。

ただその背後にもっと大きな展望がありました。ダニエル・ウェブスターという、アメリカの国務長官を務めた人が、その演説の中で、太平洋航路は「諸大洋を結ぶ蒸気船航路の最後の鎖」だ、と断言しています。ヨーロッパとアメリカを結ぶ大西洋航路、ヨーロッパと東アジアを結ぶインド航路に加えて、アメリカと東アジアを結ぶ太平洋航路が開かれれば、世界全体が一つの蒸気船航路で結ばれる――これがアメリカの首脳が考えたビジョンでした（図1―7）。

そこでご存知のようにペリーが来た後、一八五四年に和親条約が結ばれて日本は港を開く。四年後の修好通商条約では国交を結ぶことも、貿易をすることも決められました。ここまでしたら計画通りことが運んだことになるんですけど、予想を超えたことが起きてしまった。日本で大規模な政変が起きて、あれよあれよという間に革命まで起きてしまった。そしてこれが十九世紀の後半の歴史を決めてしまうのです。

六　明治維新による日本の激変

三十八年間でどう変わったのか

今度は維新自体の話に入ります。明治維新で日本の政治体制と社会が大きく変わった。それを調べる方法は簡単で、変化が起きる前のペリー来航の一八五三年の日本と、変化が起きた後、一八九〇年に憲法にもとづいて国会が開かれますが、その時の日本と比べてみます。この間、三十八年が経っています。明治維新というのは今から百五十年前の一年間に起きたのではなくて、これくらい長い時間がかかっています。大きな革命というのはそういうものです。フランス革命に至っては、始まってからいちおう次の体制が安定するまで、反動と改革が繰り返されたため、八・九十年という長い長い時間がかかっています。それに対して日本は、一回の変革で済みましたが、それでも約四十年はかかったのです。

図1―8の上図は国家の姿、下図は社会の姿を表現したものです。最近になって私は、江戸時代の日本は「双頭・連邦国家」、頭が二つあり、同時にたくさんの国々が連合してできた国家と見るのが良いと提唱しました。西の京都に「禁裏《きんり》」という組織があって、東の江戸に「公儀《こうぎ》」という組織があった。江戸時代二百年余りの間、多くの人びとは江戸にある政府を「公儀」、京都にあるものを「禁裏」あるいは「禁中《きんちゅう》」と呼んでいました。私もできるだけ、江戸時代と同じ言葉を使おうと思います。

幕末の時代、大名の数はいくつくらいあったと、皆さんはお考えでしょうか。だいたい二百六十とちょっと、大変な数です。毛利家のような大きな大名だと、だいたい三十たらずです。現代世界にも連邦国家はけっこうあって、アメリカ合衆国は五十州ですね。それからドイツもイギリスも連邦国家です。江戸時代の日本は二百六十くらいの大名がいて、それぞれ当時の呼名でいう「国家」を持っていた。大名国家の境にはところどころ関所があって、今のパスポートに当たる身分証明書を持たないと通り抜けられなかった。こういう複雑な構成の国だったのが、維新によって、何と単一の国家に変わったのです。

江戸時代にはまた禁裏と公儀という二人の君主がいました。人類史の中で似たような国家は他にあったでしょうか。私の知る限りでは、十八世紀後半のベトナムに、ハノイとフエの二箇所に都があった時代がありました。これは互いに争っていて、結局はハノイに統合されてしまうので、日本でいうと鎌倉時代の後半みたいな感じだったのです。これに対して、江戸時代の日本ではずっと二人の君主がいた。時々摩擦は起きますけど、きつい争いはない。世界の人びとは、君主というのは一人だけいるものだと思っていますけれど、江戸時代の日本人は二人君主がいても別にどうってことないと思っていたのです。江戸時代の日本は、

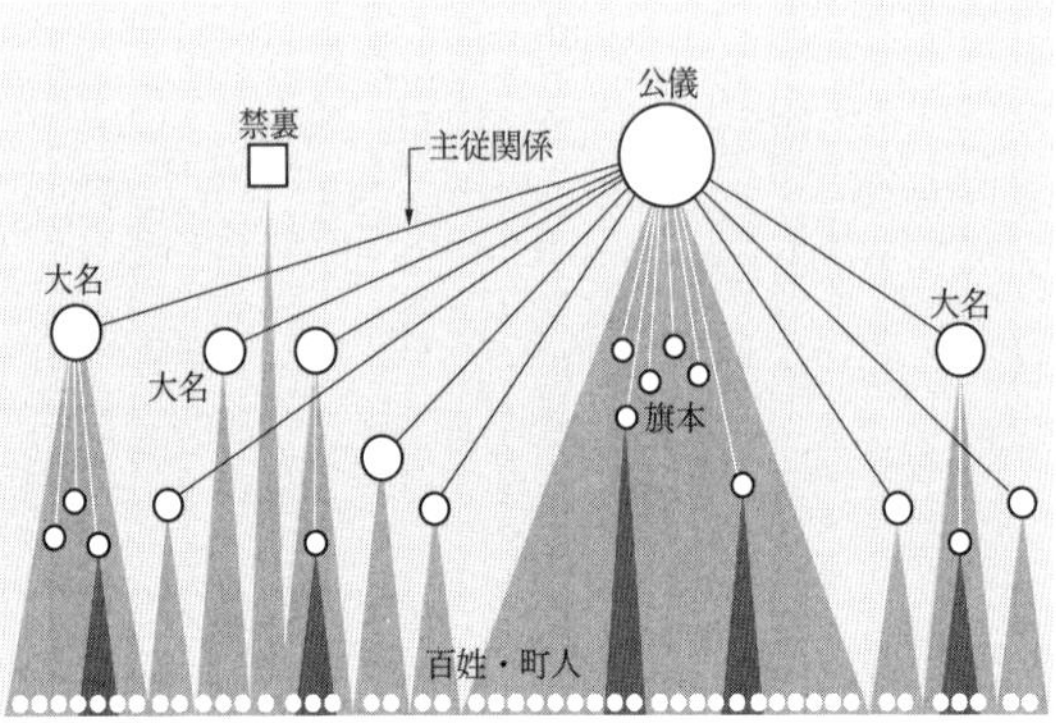

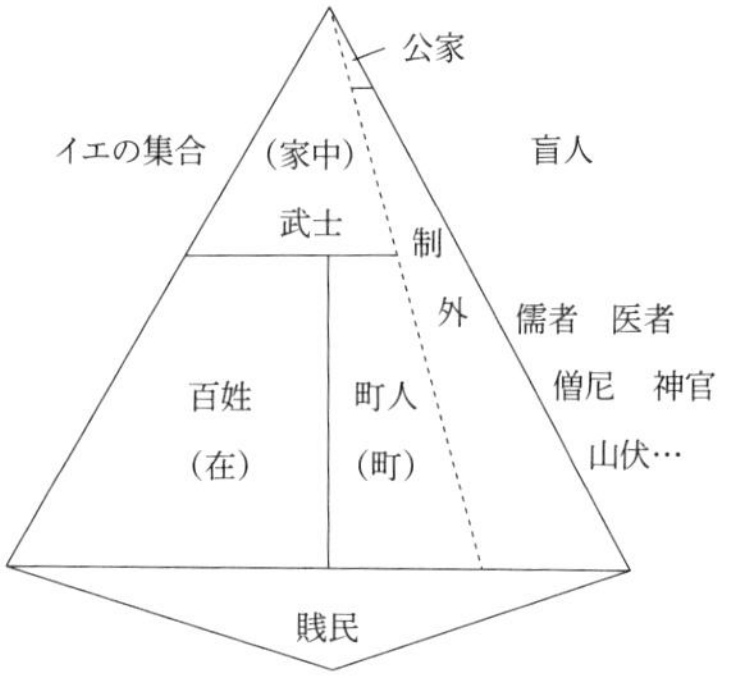

図１－８　双頭・連邦国家と身分制
（上図＝国家の姿、下図＝社会の姿）

今とはずいぶん違う世界だったと思わねばなりません。

近世「双頭連邦国家」の身分構造

次に、図1―8の下図にある三角形の図は私が作ったのですけれども、これは一つ一つの大名国家の中身を示しています。武士の世界の下に百姓・町人の世界がある。昔と違って今の学界では、百姓と町人はほとんど対等な立場にあったとみています。士農工商の商が一番下というのは幕末に語られ始め、明治に定着した偏見に過ぎません。法律的な扱いは百姓も町人もほぼ同じでした。どこが違うかというと、「在」と呼ばれる農村に住んでいるのが百姓、「町」と規定されたところに住んでいるのを町人と呼んでいただけの話です。この間の移動は全く不可能というわけではない。全然移動できないのは、「賤民」、「えた」をはじめとする代々差別された人々で、平民との間には越えることができない壁がありました。

もう一つ、留保を置きます。江戸時代は身分制が固定されていたと考えられがちですが、「制外」つまり制度の外にあって流動的な身分の人びとがいました。そういう人の典型が僧侶です。古代からそうでした。生まれは関係がない。神官や山伏もそうですが、江戸時代になると世俗的な知識人が幅を利かすようになって、儒者だの医者だのという人たちが、ここに加わってきます。儒者・医者は能力次第、腕次第で、庶民だってなれる。彼らのうちには、僅かではありますが、大名家に出入りするようになって、気に入られた結果、家臣に加えてもらう人もありました。

月性さんはお寺に生まれた人でしたね。私の印象だと、彼は僧侶のままでいることを一生涯嫌っていたのではと思います。侍も百姓も町人もちょんまげを結っている。制外の人は頭を丸めていたり、髪を伸ばして後ろに下げていたり、一目でこの人は普通の人じゃないと分かるのです。月性さんはそれを拒もうとした。久坂玄端も同様で、藩医の家に生まれたものの、それが面白くない。普通の侍になりたい、政治に携われる侍になりたいというのが、彼の強烈な行動の裏にあったと思います。

王政復古・五箇条の誓文・政体

明治維新で何が変わったか。慶応三（一八六七）年十二月に王政復古の布告が出された。その中で、「縉紳《しんしん》」つまり公家と、「武弁」つまり大名やお侍さんとを区別しない。「堂上《とうしょう》」という身分の高い人と、「地下《じげ》」と言われる庶民に当たる人との差別はやめる。生まれとは関係なく、至当の「公議」を尽くす、公正な議論でこれからの政府を運営していくということが、宣言されています。

この布告の三カ月後に発せられたのが「五箇条誓文」であり、五カ月後に制定されたのが「政体」でした（図1―9）。「政体」には最初に「五箇条誓文」が引用されています――冒頭には「広く会議を興し、万機公論に決すべし」とある。新政府は「公論」や「公議」ということを最初に宣言したのです。さらに「政体」の中身をよく見ますと、これは今までめったに指摘されなかったのですけども、第三条に、「藩士・庶人」つまり普通の侍であろうと庶民であろうと、「徴士」という制度によって、新政府の九つある官僚の位のうち、トップを除く二等官までは任命できるようにする、としています。

明治政府はこうした脱身分化を社会全体に拡げようとしたのですが、例外もありました。皇族と元の公家と元の大名合わせて約四百家あまりの家に生まれた人びとです。もう一つの重要な例外は女性です。しかし男性だけの話でいうと、武士身分は解体されて、日本に生まれ育った人は全部同じ扱いになりました。「えた・ひにん」と呼ばれた人たちも平民に統合され、法的には同じ扱いとされました。

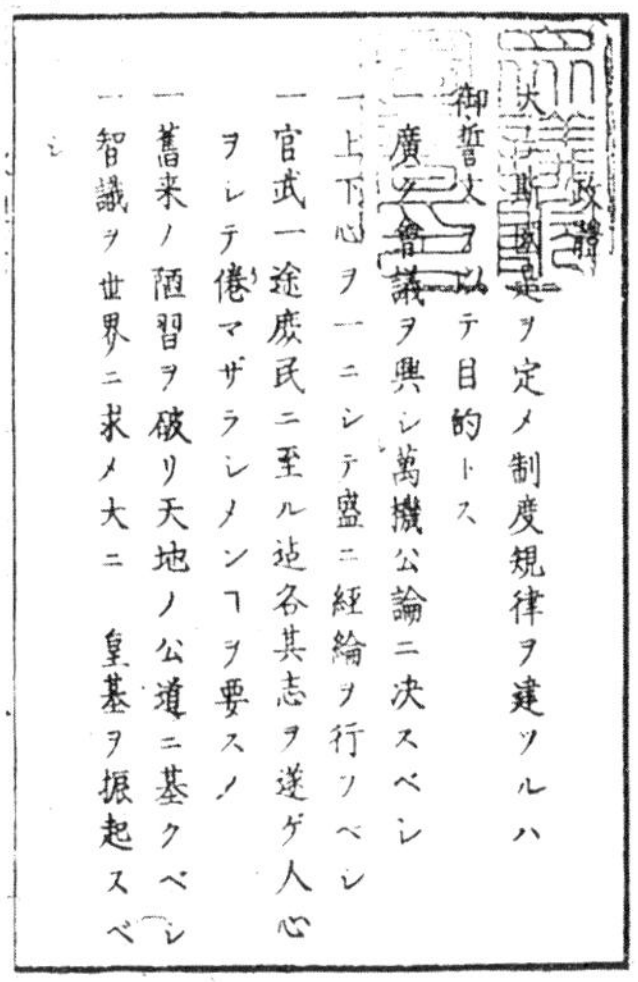
政體

大ニ斯國是ヲ定メ制度規律ヲ建ツルハ
御誓文ヲ以テ目的トス
一 廣ク會議ヲ興シ萬機公論ニ決スベシ
一 上下心ヲ一ニシテ盛ニ經綸ヲ行フベシ
一 官武一途庶民ニ至ル迄各其志ヲ遂ゲ人心ヲシテ倦マザラシメンヿヲ要ス
一 舊來ノ陋習ヲ破リ天地ノ公道ニ基クベシ
一 智識ヲ世界ニ求メ大ニ皇基ヲ振起スベシ

図１－９　「政体」（国立国会図書館）

巨大な革命が「国民」をつくった

明治維新で行われた一番重要な改革で、めったにできない難しい変革は家禄の処分でした。生まれながらに侍の家がもらっていた俸禄を奪った。家禄を国債に替え、結局は国債も回収してしまった。明治維新最大の変化は実はここにあります。この点については、落合弘樹さんの仕事を除き、今まであまり研究がなかったので私は大いに不満なのですけれど、これはすごい革命だったと言わねばなりません。

それから、責任の主体が個人になった。例えばある家の主人が病気で死んでしまい、年貢を納められなくなった場合、江戸時代には村が肩代わりするのが当たり前だった。ところが、明治になってからは個人が土地を所有し、土地を所有している人が税金を払うことになった。そうすると当座は借金でしのぐことになりますが、結局は借金が返せなくなって土地を手放す人がずいぶん出てきます。個人責任の世界に変わったのです。

それから刑法も改正されて、かつては例えば殿様が家臣をお手打ちにしても、罪は問われなかった。ところがこれからは問われます。たとえ皇族であろうと華族であろうと、身分ではなくて、罪の種類に応じて個人が平等に刑罰を受けねばならなくなる。すべてが個人化するのです。居住・職業選択・結婚・旅行など、すべて個人の自由になった。明治の初めの五、六年間は信じられないほどのスピードで、こうした個人化・規制撤廃が行われました。

なぜ短期間にこういう改革を行ったのか。日本の中に「国民」をつくって、日本を「国民国家」にする。「国民」とは何か。それはそこに住んでいる住民が対等な権利を持っていて、さらにその国の主体でもある、主人公であると意識している。そういう「国民」をつくって、その力を結集しない限り西洋には対抗できない。ほおっておけば必ず西洋に侵略され、支配されてしまうだろう。そういう恐怖から、ものすごくラディカルな社会的権利の再配分をやったということなのです。その意味では、明治維新というのは世界の近代史が経験した、最も巨大な革命の一つだったのです。

犠牲者はたった三万人

ただし、この間の政治的犠牲者を勘定してみますと、トータルで約三万人です。戊辰内乱と西南内乱という二つの戦争を合わせて、さらにそれ以外の犠牲者をある程度勘定してみても、三万人をちょっと超えるくらいかなという感じです。どんな数え方をしても、五万人を超えることはないでしょう。これが多いのか少ないのかという問題ですが、今の日本で政治的大事件が起きて三万人死んだら誰もが「大変だ」と言うと思いますが、十九世紀の常識ではそうではない。

フランス革命の場合、約百五十五万人が殺されています。フランスは日本より小さい国で、大革命当時の人口は日本の八十パーセントぐらいでした。その国で日本より二桁多い死者が出た。その内訳ですけれども、国内で約四十万人が殺された。それから外国との戦争で百十五万人が亡くなった。これは相手側の死者は勘定していません。それぐらいの犠牲者が出ました。

これに対して明治維新では、たった三万人。フランスは対外戦争をやったと申しましたが、幕末維新の非常に面白いところは、月性さんみたいに攘夷だ、攘夷だと口にしていながら攘夷戦争をほとんどしなかった。関門海峡で二回ほど闘い、鹿児島で一回やりましたが、戦ってもすぐやめる。あとは日露戦争まで長い期間、西洋とは全然戦争しません。明治維新というのは、言っていることとやっていることが違うことに特徴があるのです。おかげでこれだけ少ない犠牲者で済んだ。

何でそういうことが可能だったのか。これが説明しにくくて大変です。しかし、私は苦心の末、自分なりに理屈を考え出しました。それをこれから説明します。

七 「間接経路」を通じての革命

誰も反対できないスローガン

まず西洋の脅威があって、日本を防衛しなくてはならない。海岸の防衛、つづめて海防ですね。これは一人も反対者がいません。次に、日本を守るためには政治の制度を少しだけ変える必要がある。それが一八五八（安政五）年ぐらいから叫ばれる「言路洞開・人材登用」です。「いいアイデアがあるから、それを提案させてください」、あるいは「私は有能だから登用してほしい」。「私は有能だから」とは自分からは言いにくいけれども、事実上はそれと同じことを多くの人が考えた。

そこで出てきたスローガンが二つある。「公議をちゃんとやれ」、「尊王・攘夷をやれ」。「尊王・

攘夷」は額面通り受け取ってはいけない。ひょっとしたら隠れ蓑だったかもしれません。一番言いたいのは「自分を使ってくれ」。だけど江戸時代の人たちは、君主とか上司に対して「あなたのやっていることは間違ってる」とか、「私は有能だ」とは絶対に言えないように教育されていた。そこで代わりに言ったのが、「尊王！　尊王！」とか「攘夷！　攘夷！」という言葉だったのです。尊王に反対する人は、徳川の一部を除き、ほとんどいない。攘夷に反対する人もいない。西洋のことを良く分かっている知識人は、「今やったら負けるからやらない方がいい」と考えましたが、それは少数派です。

こうして誰しも納得できる理屈で、ああだこうだって言ってるうちに王政復古が実現した。対外戦争から王政復古に関心が移る。王政復古してできた日本の体制を、私は「王政・公議」体制と名づけました。「王政」つまり天皇の下で「公議」を行い、政府を運営する政治体制だと考えています。それが実現する。「五箇条誓文」で「万機公論」が宣言され、「政体」では、先ほど申しましたように、二等官までは生まれを問わず採用すると規定し、実行した。

意図的に行われた「間接戦略」

王政復古を行った時、実はもう薩摩や長州のトップは、次は廃藩置県だと考えていました。しかし直接に廃藩置県をやると言ったら誰も同意しないし、下手をすると命を狙われかねない。そこで間に版籍奉還というワン・クッションを置いたらうまくいった。誰も反対しないでできてしまった。ここははっきり言って、意図的に世間をだましました、隠ぺいした。こういうのを「間接戦略」と言います。直進すると皆反対するが、脇道を通って行くと反対しない。いわゆる迂回作戦で、これは政治家がよく使う手です。それを「意図的にやった」と、当事者の木戸孝允は廃藩成就の直後に記しています。

このように、幕末維新では、西洋の脅威から直接に脱身分化や廃藩へと突き進んだのではありません。その間に「公議」だの「尊王」「攘夷」だの、別の課題を説き立てる過程があって、無意識のうちに王政復古へと至る道が出来上がっていった。誰も反対できない、したがって抵抗も犠牲も少ない、こうした「間接経路」を通って大きな改革が出来た。こう考えると、犠牲の少なさがある程度説明できるかと思います。

復古による革命

それからもう一つ、明治維新では「復古」というスローガンが非常に重要でした。これは理想の過去に戻るということです。王政復古の布告にも、「諸事神武創業の始に原《もとづ》き」と書かれていました。だけれど神武天皇の時代にどんな制度があったか誰も知らない。誰も知らないので勝手なことができる。天皇がトップにいれば、はっきり言って西洋化をやっても文句が言えない。そういう図太いことをやった。しかし復古による改革というのは、実はこの王政復古の前にもあったのです。

一八六二年に、将軍の徳川家茂が幕府の軍制を洋式に変え、それに合わせて大胆な行財政改革をやろうとしました。その時にこう言っています。「外国交際の上はとくに兵備を充実しなければならない。そのためには徳川家本来の簡易の制度、質直《しっちょく》の士風に復古しよう」。明治には同じことを「進歩」の名でするのですが、この時は「復古」を正当化に使った。ペリー来航の前でもこういうことはあった。昌平黌教授の古賀侗庵という人は、一八三八年に書いた『海防臆測』の中で水軍（海軍）をつくろうと提起し、そのためには寛永の時代に戻ろう、つまり鎖国を捨てて、江戸初期の外国と貿易していた時代に戻り、日本船をインド・タイ・ベトナム等に派遣して貿易をやろう、と言っています。これは利益が目的ではなくて、航海によって日本人の心身をともに鍛えるのが目的でした。江戸時代の初めに復古するという名目で大改革を始める。これが古賀侗庵のアイデアでした。

　革命というものは、まず未来の設計図や青写真を書いてそれを実現する、未来志向のものと考えがちですが、実はこれは十八世紀のヨーロッパの「啓蒙思想」以前にはありません。皆さん、本当に未来を信じられますか？　進歩を信じられますか？　未来が今より良い世の中に必ずなると信じられますか？　人類が一万年後に存在していると断言できますか？　過去であれば記憶が残っているから、「あの時は今よりましだった」と言えると思いますが、未来は直ちには信じられないはずです。過去のましな時代を考えて、あるいは過去を意図的に理想化して、「そこに戻ろう」というと、人びとは「それならしょうがない、やるか」と、こうなる。ですから復古による革命の方が、進歩より普遍性のある思想なのです。

八　現代につながる「公議」「公論」

安政五年の大爆発

さて幕末から明治にかけての非常に重要な課題で、現在までつながっていることに、「公議」「公論」、公に議し、公に論ずるという言葉があります。現在の自由民主制の出発点がここにあります。

このスローガンは、今までの歴史であまりきちんと書かれてこなかったのですけれど、実は幕末の動乱が始まった安政五（一八五八）年に出現して、その後非常に有力な主張になりました。ペリー来航以後五年の間、日本の政治体制は安定していたのですが、安政五年になって大爆発が起きます。それは日米修好通商条約を天皇が「認めない」と言ったことと、もう一つ、将軍の跡継ぎを決めようという時に二派ができてその間に激烈な争いが起こり、京都でこの二つが複合した結果大政変が起きます。越前だの、薩摩だの、土佐だの、宇和島だの、水戸だのは一橋慶喜を将軍の後継に立てようとし、これを「天下の公論」と称して正当化しました。付け加えると、この時点で長州の姿はありません。たまたま偶然に、吉田松陰が別の理由で捕まえられて殺されたため、長州も後に政争の仲間に加わることになるわけですけれども、維新の出発点にはは長州はおりません。

先覚としての橋本左内、岩倉具視

その時、政界の中心にいたのは越前福井の人びとでした。藩主は松平慶永（号＝春嶽）、その腹心に橋本左内という蘭学者がいました。彼らは、一橋慶喜という有能な人を将軍の跡継ぎに迎え、その下で水戸とか、越前といった親藩大名と、薩摩・佐賀などの外様の大大名とが手を組んで、日本の政権を組織し、運営していこうという構想を立てました。その時、橋本左内が実際の政治工作のため提携した相手が薩摩の西郷隆盛です。西郷は、後にどんな政治家を尊敬しているか問われた時に、先輩では水戸の藤田東湖、同輩では越前の橋本左内と語っています。それはそうでしょう。橋本左内はこの時代に日本の将来を真面目に考え、こう変えればいいという具体的な構想をくっきりと考えていた唯一の人でした。例えば、生まれた身分は関係なく、大名の家来でも庶民でも、幕府に有能な人を集めて仕事させようというアイデアを、一八五七年の友人あての手紙に書いています。それが十年後に「政体」となって実現するのです。だから彼の名前が今の維新史で語られないのは、私には全然理解できません。

もう一人の重要人物は、岩倉具視です。彼は幕府が修好条約の勅許を求めたとき、孝明天皇にこれを拒否するように進言しますが、その中で交渉の前に米欧に視察団を派遣するように提案しています。つまり、公家の多くと異なって、勅許の拒否は鎖国を維持するためでなく、開国後の見通しを自主的に立てるためだったのです。彼は、天皇に重く用いられるようになったのち、一八六〇年、天皇に妹を将軍に嫁がせるようにとも進言します。いわゆる公武合体ですね。ここまでは普通の人でも考えられるでしょうが、そこから先がすごいのが岩倉で、この時すでに「これを王政復古の出発点とするのだ」と書いています。ただすぐ復古に取りかかるのは無理だから、まずは「與議公論」にもとづいて、つまり日本中から朝廷に同情を集め、その意見をくみながら進めていくべしと主張した。岩倉という人は日本ではほんとに人気がないのですけれど、こんなに頭のいい、未来を見通せる戦略家がよくも世の中にいたもんだと思います。どうして人気がないのか、これまた、私には不思議でなりません。

国是となった「公議」「公論」

結局、この安政五年の政変から十年ほど経って「国是」、国の基本方針として定められたのが「五箇条誓文」です。「広く会議を興し、万機公論に決すべし」。「公議」「公論」ということが、その第一条で宣言され、その後しばしば引用、再引用されるようになった。政治的伝統というのは引用の繰り返しによって形成されるんです。

その一番有名な例が、一八七四年の「民撰議院設立建白」で、天下の「公議」を張るためには、民間から選挙された議員に法律や予算をつくらせなければいけないと主張する。「公議」・「公論」という言葉は、その後、自由民権運動の中でも使われ、最後には、一八八九年に公布された大日本帝国憲法によって制度として定着します。国民から選ばれた代表が衆議院に集まって、法律と予算の決定に携わるようになりました。それに先立って一八八七年には、文官の試験による任用も行われるようになっています。これら二つが相まって日本の政治制度の基盤が固まり、その後、現在に至るまで、様々の変転があっても、その点は変わっていないのです。

たぶん今の日本人は、「政府も国家も自分のもの」と思っていますが、そういうことが可能になったのは、こうした過程があったからこそなのです。

九　加速するグローバル化の中で

世界の交通路・通信網への参入

一八五三年のペリー来航の目的の一つは、太平洋航路の開設だと前に申しましたが、それが実現したのはようやく一八六六年、王政復古の前年でした。一八七一年十二月、岩倉具視は、この航路を使い、かねての希望通り、政府の高官たちを引き連れて米・欧の視察へと出発したのです。その世界周航コースを北極から見ると図1－10のようになります。

一方、同じ頃、ユーラシア大陸を横断して、欧・亜をつなぐ電信線が二本、一本は北のシベリア経由でヴラジヴォストークまで、もう一本は南の方からインド洋を通って香港まで、来ることになりました。この二つを長崎でつなぐことになった結果、一八七二年、日本は他国の電

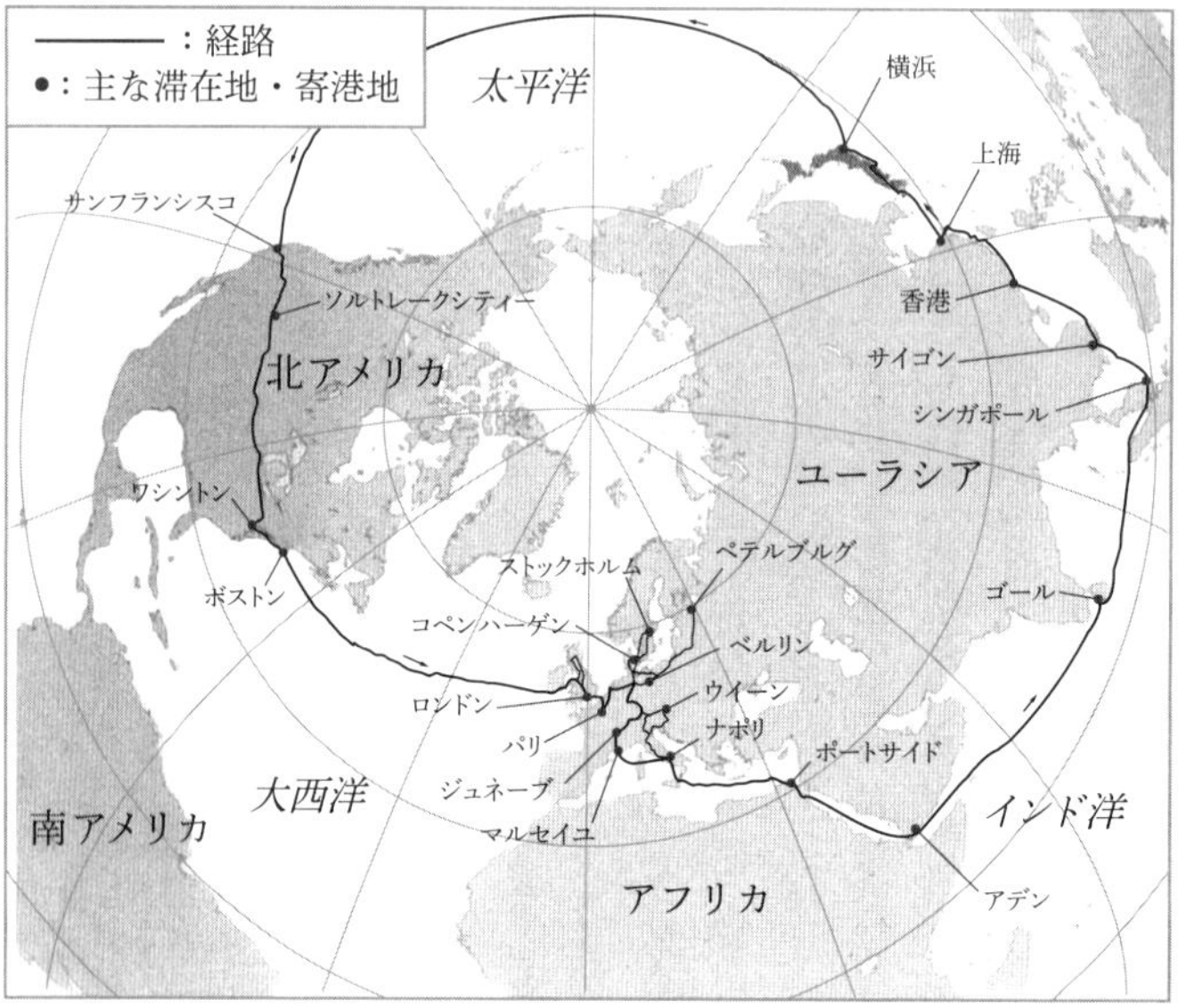

図１－10　北極から見た岩倉遣外使節の世界周航コース

信会社の都合で世界最大の電気通信網に加入することになります。日本からヨーロッパへは船に載せる郵便だと一カ月ぐらいかかるんですが、電信ですと一日のうちに届く。政府は岩倉らの留守中に生じた内紛のため岩倉使節団に早く帰るよう督促しましたが、その第一報にこの電信線が使われました。一八七三年のことです。日本は新しい政府ができた直後に、世界的な交通路と通信が使えるという幸運に恵まれ、それを大いに活用したわけです。

日本が変わったことにより、東アジアも激変しました。周辺の国々とずいぶん摩擦を起こします。この点、しばしば、明治政府は最初から隣の中国や朝鮮を侵略しようと思っていたんだろうと思っている人が国内外にいます。当時、国内にいろんな対外意見があったのは確かです。しかし、日本政府のトップは、決して自分から戦争をしかけようとはしませんでした。それでも日本がそれまでと違うやり方で外交を始めたため、たくさん摩擦が起きました。

清朝・朝鮮との摩擦

清朝とは、一八七一年に日清修好条規を結んで国交を開きました。約三百年ぶりのことです。朝鮮とは、新しい政府ができたので交友を新たにしよう、国交をもう一度結び直そうと申し込んだのですが、これが上手くいかない。七年間も紛争がつづいて、危うく戦争になりかねないところまでいったのですが、なんとかそれを回避しました。

それまで東アジアにあったルールでは、「皇」という字が使えるのは中国の「皇帝」ただ一人でした。しかし、中国と国交を持たなかった日本はその外にあり、国内で「天皇」という称号を古くから使ってきました。ところが対馬から明治政府の代表が派遣され、その手紙に天皇を「皇上」と記してあるのを見たとき、朝鮮側は、けしからんとして受け取りを拒否しました。もし「皇」の字を日本の天皇に使うのを許すと、中国と日本が対等になる。すると、中国の臣下である朝鮮国は日本の下位に位置づけられてしまう。今まで朝鮮と日本は対等に付き合ってきたのに、なぜ引きずり下ろすんだ、と。これまで国際関係を律してきたルールを日本側が一方的に変更したのはけしからん、というわけです。

日本としては、この変更は西洋型の国際法にもとづいて、「朝鮮も日本も対等に国交を開きましょう」という趣旨だったのですが、大変ないざこざになりました。これを機に、日本では征韓論の熱が上がって、戦争寸前まで行きます。これをヨーロッパから帰ってきた岩倉具視だの、大久保利通だのが必死に止めて、何とか戦争しないで済ませました。一八七六年に日朝修好条規（江華条約）が結ばれ、戦争の理由がなくなった結果、翌年に西郷隆盛が反乱に立ち上がったとき、西郷の下に征韓論者が大挙加勢することはなくなりました。こうして、日本と朝鮮はともに戦火を免れ、その後しばらくは角突合わせないで済ませられたのです。

中国との間では、琉球をめぐって紛争が起きました。一八七九年、琉球を日本が併合したのです。江戸時代を通じて琉球は日中両属でした。形式上は清王朝の臣下ですけれども、実質は薩摩が藩吏を駐在させて中国との貿易を管理していた。しかも建前上は琉球国として自主の国という複雑な立場にありました。日本はこれまた西洋の国際法に従って日本の国境の中に取り込み、沖縄県にしました。これが中国側の神経を逆なでして大紛争になったのですけれども、両方の国とも戦争のできる状態ではなかった。

「東アジア」の誕生

中国は内陸側で大国ロシアと国境を接し、当時厳しい紛争を抱えていたので、日本とは争いを拡大しないという方針を取らざるを得なかった。日本側は西南戦争の直後で、政府は極度に疲弊しており、世論も戦争はもうこりごりだという状態でした。両方とも戦争したくなかった。それで口喧嘩で済みました。しかし口喧嘩で終わらせる理屈を何とかひねり出さなくてはならない。そこで考え出したのが、われわれの共通の敵は白人国家のロシアである、われわれ同文同種の人間は団結して奴らと対決しようという、後にアジア主義と呼ばれるようになる主張でした。共通の敵を作って対立を緩和するという、意図的な操作が行われたのです。

しかし実はこの苦肉の策によって、世界システムの下に東アジアというサブシステムがあるという想像力が生まれることになりました。

それまでの国際秩序の想像力は、二国間関係だけです。二国間関係が束となったのが国際秩序だと考えられていたのですが、この時から、地図で見るような面としての東アジアを考えることが始まります。日本の明治維新が、東アジアという想像力を生み出す出発点となったわけです。その後、一八九四年に日清戦争が起き、それをきっかけに日本は植民地を持つ帝国に変貌するのですが、これはすでに明治維新の範囲を超えた話です。

明治維新がもたらしたもの

明治維新で何が起こったのか。それは双頭・連邦の非常に複雑な国家が単一構造に変わった。それをきっかけにして社会が脱身分化した。意外な説明と思われるかもしれませんが、文官が試験で任用されるようになって、やっと日本は中国・朝鮮並みになったと言うことができます。

ところがそれを超えて、日本は突進してゆく。国の形を中国モデルから西洋モデルに切り替えて、国民に平等な権利を与え、公教育を行います。新聞、雑誌というメディアも発達し、日本のお金持ちたちは、それらを購読して勉強し始めました。それを基礎として、憲法により国民の政治参加が制度化される。こうしたことは隣の国には起きなかった。遅れていた者が追い越した。大きな政治変革を経験した結果、あっという間に歴史の逆転が起こったのです。

明治維新後の日本というものは、二十世紀に入ると良いことばかりがあったわけではありません。大戦争を起こして町々が全部破壊されたという悲惨なことも起きた。しかし、戦後も含め、トータルで言うと近代は肯定的な歴史だったというのが、日本ではたぶん常識となっているだろうと思います。それに対して、中国であれ、韓国であれ、北朝鮮であれ、お隣の国の人たちは全然そうではない。近代というのは侵略を受け、民族が滅びようとしたみじめな時代だった、いまやっと自らまともな歴史が作れるようになった、その感覚が常識だと思います。近代の歴史のイメージは、日本と隣国との間に大きな差があるのです。

この「差違」はどうして生まれたのか。「日本人は生まれながらに非常に優秀なんだ」とか、「日本は江戸時代からすでに近代だったんだ」というのは間違った説明です。それでは今の韓国・中国の発展が説明できない。ただ一つ、早く問題に気が付いて改革した方が先に進んだという話なのではないでしょうか。今の私たちも、もし時代の状況を正視しなかったら、どんな未来が待ち受けているか分かりません。十九世紀後半の東アジアの歴史は、そう問いかけているように思います。

明治維新――通説の修正から革命の世界比較へ

一　はじめに

明治維新は十九世紀の世界で起きた最も大規模な革命の一つであった。それは世界で五－七番目の人口を持つ国で起きた事件でもあった。十九世紀の半ば、最大の人口を持つ国は清朝であり、次にムガール朝があった。その次にはロシア、フランス、ついで日本とドイツがほぼ並んでいた。(1)明治維新は、その人口大国が近世の武士を核とする世襲的身分制を解体し、さらに西洋を参照した絶え間ない改革を起動した大きな変革であった。

しかし、世界の革命史学で明治維新が注目されることはほとんどない。その最大の理由は、おそらく、二十世紀の世界を席捲した革命のモデルから維新が大幅に逸脱していたからであろう。ロシア革命以後の世界では、革命とは君主制の打倒に他ならず、その達成は意図的な暴力行使とプロパガンダによらねばならないとされていたのである。これに対し、明治維新は君主制の再生・強化によって行われた。近世日本には双頭・連邦の国家があったが、これを一人の君主の支配に変え、次いで二百六十余の小国家を廃して単体の国家に統合し直し、さらに統治身分の根幹をなした武士を解体したのである。(2) 世襲身分制の廃止は被差別身分にも及び、例外は皇族・旧大名・旧公家の約五百家弱に留まった。

他方、その過程で生じた犠牲者は約三万人に留まった。(3) これは、フランス革命において、内戦で約四十万、対外戦争で約百十五万、あわせて約百五十五万人の犠牲者が出たとされるのに比べると、二桁少ない数字である。(4) 二十世紀のロシア革命や中国革命と比べると、おそらくは三桁は違ったものと思われる。(5)

このような差異は、革命に対する見方を拡げるに有用と思われる。深刻な社会的歪みを正すに君主制の打倒は必須でなく、大規模な暴力行使も必然ではない。逆に、君主制を打倒しても、後にはしばしば専制体制が出現する。また、一旦解放された暴力が長年月にわたる内戦・内紛をもたらすことも少なくない。このような比較の視点に立つならば、明治維新を手掛りにすると、無血革命とまでは言わずとも、根本的な改革を大規模な犠牲や深い遺恨を遺すことなしに達成する方法を見出す可能性が開けるのではないかと思われる。

以下では、まずこの百年あまり信じられてきた維新の通説、マスターナラティヴを批判した後、筆者が考える代替解釈のあらましを紹介する。その次に、維新の特徴を手掛りに革命一般の比較に有用と思われる論点を提示し、最後に維新の性質を振り返ることにしたい。

その際、近隣の中国・朝鮮だけでなく、フランスとの比較にも注意を払いたい。(6) 維新ではフランス革命と異なって、イデオロギー上の論戦や対決が稀だった。登場した主体の多くが王政復古を承認し、反対した少数派もその戦った理由はイデオロギーの相違にあったわけではなかった。また、維新動乱の出発点で「公議」「公論」や「王政」などの象徴が生まれはしたものの、その内容と必要を理論的に説明する試みは皆無に近かった。人間行動の理解には、主体の目的を探し、行動をその実現手段として説明するのが常であるが、維新の出発点では「目的」自体が不鮮明だったのである。維新の課題は政争の中から発見され、幕末十年の長い時間の中でその共有がゆっくりと進んでいった。武力衝突が比較的に少なかったことも、また新政権が誕生した後に、廃藩や脱身分化が急速に、かつ大きな抵抗もなく進んだことも、そのせいと思われる。革命の大義よりは、過程自体が決定的な役割を果たしたことが、大胆な改革をさしたる犠牲もなく実現した基礎条件だったように思われるのである。(7)

二　マスターナラティヴの変更の必要

今年〔二〇一八年〕は一八六八年の王政復古から百五十周年にあたる。各種の記念行事が行われているが、明治維新にとって、王政復古はどれほど重要な事件だったのだろうか。他に重要な問題はなかったのだろうか。

今日の日本で語られている明治維新の歴史には、これを肯定的に見ようと否定的に見ようと、かなり共通した物語構成がある。十九世紀のなかば、近世の権力を担っていた徳川幕府はかなり衰弱していた。そこに西洋諸国が軍事的な威嚇を用いて鎖国という基本政策を開国に変えるよう強要した。幕府が屈すると、その臆病を憤る世論が高まり、まずは「尊王攘夷」、すなわち開国を批判する天皇を押し立てて、西洋を撃退しようとする運動が高揚し、次いでそれは天皇の下に政権を移そうとする「倒幕」運動に転化した。それを主導したのは西南雄藩、とくに薩摩と長州であり、彼らは一八六八年、王政復古を実現し、これに反対する大名を軍事力で下して、天皇の下に新政府を開いた。この明治政府は、幕府だけでなく、ごく早期に大名の小国家群も廃止し、ここに天皇の下に単一の集権国家が誕生した。さらに西洋の侵略を予防するため、西洋の科学技術を導入しつつ、一路、「富国強兵」を追求していった。

このような物語は、中学校や高等学校の日本史教科書を通じて、日本の幾世代もが学んできたものである。(8) いま生きている大多数の日本人は、ここにかなり深刻な見落としやバイアスがあると指摘しても、いぶかしく思うに違いない。筆者は、しかし、ここで敢えてこのマスターナラティヴを批判し、これを変える必要があることを主張したい。

このような「開国」「尊攘」「倒幕」「王政復古」「廃藩置県」そして「富国強兵」「文明開化」から構成される物語は、十九世紀の末期から流布し、戦時体制下の一九四〇年前後に政府が正史として編んだ『維新史』全五巻で集大成されたものである。この書は広範な史料収集を基礎とし、個々の史実を正確に記している点で、いまなお有用である。しかしながら、その物語構成にはかなりの問題があるので、以下では、その主な点を指摘してゆきたい。[9]

まず、全体の構成であるが、編者は維新史を「王政復古」の歴史として記述すると明言し、それを実現している。維新によって起きた最も重要な変化は「王政復古」であり、その最も重要な事件は徳川幕府から明治政府への政権転換、および王土王民を実現した廃藩置県であるとする。「王政復古」は帰結として重要であるだけでなく、維新の目的としても重要であった、それを終始導いたのは「尊王攘夷」のイデオロギーであり、それを首唱し、その実現に奔走したのは水戸、長州、薩摩の「志士」たちであって、彼らは政治動乱の当初から重要な役割を演じたと認定している。それは英雄物語としても構成された。尊攘の志士は当初、幕府の「安政の大獄」で弾圧され、悲運に陥る者もあったが、生き残った仲間は天皇の下に結集して勢力を挽回し、やがて「倒幕」を実現した。つまり、尊攘を奉ずる志士たちの崛起、苦難と犠牲、その後の勝利と栄光という物語を述べているのである。

しかしながら、この物語には幾つか無理がある。維新の政治的動乱が始まったのは一八五八（安政五）年のことであり、その争点となったのは将軍の後継者選定と西洋諸国との条約の可否の問題であったが、いずれについても長州は関与していない。[10] 大老の暗殺後になって初めて長州は中央政界に進出したが、その主張は天皇を開国論に変えることであった。[11] 当初、攘夷とは正反対を主張したのである。

逆に、当時、最大の争点であった将軍継嗣問題の背後には壮大な改革構想があった。徳川一門で四番目の地位を持つ越前福井藩の橋本左内は、主君から一橋慶喜擁立の運動を託される中、徳川の政権中枢を中小大名に代えて大大名、とくに対西洋対策の経験に富む人物で構成し、その下で働く官僚に徳川の家臣だけでなく、大名の家臣や庶民を任用しようと構想した。[12] 双頭・連邦国家の大枠は維持しながら、日本の中央政府を強化し、その統合性を高めようと提唱し、その結果として、自ら、近世日本を支配してきた世襲身分制を骨抜きにするはずの道筋を工夫したのである。この構想は一橋擁立の失敗とともに消えてしまった。しかし、その十年後、明治政府創立直後に制定された「政体」はこれを実現し、新政府の高官には大名家臣や庶民が次々に登用されてゆくことになる。[13]

『維新史』は、一橋擁立運動を記述するものの、この政体改革構想は無視している。また、当時、この運動を担ったのは徳川親藩の越前福井と外様国持の薩摩を核とする大大名の連合体であり、彼らは中小大名が独占してきた幕閣に割り込もうと図った。決して徳川幕府を打倒しようとしたわけでも、外様大名が中心だったわけでもない。一橋擁立を図った大大名は西洋が招来した危機を日本がしのぐには挙国一致体制を創らねばならないとし、その第一歩として一橋擁立を考えたのである。かつ、彼らはこれを「天下の公論」として正当化し、幕府外からの政治的発言の禁止というタブーも破った。『維新史』は、安政五年の政界の主題であった挙国一致や政権参加や「公論」や脱身分化という主題を無視している。その反面で、水戸に始まる尊攘運動を主役に選び、彼らの反幕府運動と弾圧・報復の応酬という二極対立の図式で政局の変転を描いたのである。本来この政変に無関係でありながら処刑の憂き目にあった吉田松陰をクローズアップしたのもそのためである[14]。この操作により長州は水戸・薩摩と並んで、最初から幕末動乱を主導した主体として描かれることになった。

次に、この十年後に起きた王政復古の理解である。『維新史』は、その政治過程を薩長連合の「討幕派」と土佐中心の「公議政体派」の運動の競合として描き、王政復古のクーデタと鳥羽伏見の戦いとによって前者が政局を主導することになった、かつ新政府は「佐幕派」の会津を主敵とする東北戦争を経て政治基盤を確保したと解している[15]。

しかしながら、事実はそれほど単純ではない。王政復古クーデタに当たって御所の門を固めた五大名の中に長州はおらず、参加大名のうち徳川排除を決意していたのは薩摩だけであった。他は徳川慶喜の擁護に努めていた外様の土佐、親藩の越前・尾張、そして中立を決め込んでいた安芸であった。その結果、年末には大坂に退いていた前将軍徳川慶喜を政権中枢の議定として迎えることが決定した。つまり、徳川権力の打倒は王政復古によっては決まらなかったのである。

これは、幕末最後の年の政治を「討幕」と「佐幕」という二極対立では理解できないことを示している。当時、最も精力的に行動した薩摩も、長州との提携による武力挙兵と同時に、土佐と提携して徳川の自発的な政権奉還を誘う道も探っており、鳥羽伏見戦争の直前までは後者を追求したのである。他方、徳川慶喜の側が初めて政権奉還を構想したのはこの一年前のことである。長州戦争に敗退した後、彼は徳川への求心力を回復するため、冷遇していた越前とよりを戻し、天皇の直下に徳川中心の大大名連合国家、「公議政体」を作ることを構想した。これは孝明天皇の反対で潰れ、慶喜は一旦は徳川政権の強化策を追求することになった。しかし、越前・薩摩・宇和島・土佐が長州の赦免を要求し、彼がこれを斥けたとき、薩摩は武力動員を決意し、それを宣伝し始めた。これに対し、慶喜は再び天皇の下での公議政体の樹立に踏み込んだ。この転換にはそれまで公議政体論に冷淡だった土佐がその主唱者に変貌し、彼の説得に努めたことが大きい。このように、幕末最後の年には、会津を除く主要なアクターの間で、王政復古への合意が成立したのである。争点は、天皇の新政府の中で徳川がどのような地位を占めるかに絞られた。『維新史』のように、「討幕派」の薩長連合が政局を主導したという解釈は、ようやく鳥羽伏見の戦いの後になって妥当するに過ぎない。

その後、西日本と中部日本の大名は直ちに新政府の支持を表明した。もし新政府が薩長の政府と理解されたなら、それは不可能だったろう。幕府の崩壊と新政府の樹立に伴う内乱は東北のみに限定され、したがって死者は約一万四千に留まった。[16]『維新史』は時々の政局や戦争の経緯を記述するに追われ、かつ二極対立図式に囚われた結果、内乱がミニマムに抑えられたという大局を見落としたのである。

第三に、『維新史』は維新最大の変革であった脱身分化、および戊辰内乱の結果として生じた中央政府に対する地方軍隊の脅威を見落としている。これは直接には、王政復古三年半後に行われた廃藩置県で筆を収めたからであろう。同書が依拠した史料は各大名家が持っていた史料であり、廃藩はそれらの作製に止めをさした。かつ、編集の当時、中央政府の史料のほとんどは未公開だった。それが致し方ない事情であったことはよく分かる。

問題は『維新史』以後の歴史家にある。第二次世界大戦後、彼らは史料が公開されたのを利して明治初年の研究を積み重ねてきた。しかし、上記のうち脱身分化、とくに武士の解体については、落合弘樹氏の『秩禄処分』(初版一九九九年)以外にまとまった研究がない。人口の六%を占めた武士の約三分の二が官職を失い、さらに全員がその世襲する家禄を低額の国債と引き換えに奪われた。これは世界史上稀に見る大規模な階級変動の一つであるが、軽視ないし無視されてきたのである。これは、一つには、戦後史学界を主導したマルクス主義歴史学が、革命で打倒された側に無関心だったことによるのではないだろうか。マルクス主義史家のうち講座派は維新を絶対主義化と規定し、そこに階級変動をみなかった[17]。革命主体たるべき百姓・町人に武家権力打倒のプログラムは見つからず、その上層が武家内部の改革派と結託して、絶対主義権力を作ったと理解している。しかし、「公論」を標榜して成立し、のちに立憲政体を実現した明治政府を絶対主義と理解するのは無理である。逆に、貴族の中核部分が、皇族・公家・大名あわせて約五百家弱をのぞき、すべて解体されてしまったことは確かな事実である。貴族の一斉解体は革命の理解に当たって注目すべき現象に違いなく、その際に生じた犠牲者が約三万人であった事実は、「嘘のような真実」である。歴史家たちがこの基本的事実を無視して来たのは未だに理解しがたい謎という他はない。

三　明治維新の政治過程

では、今日、明治維新はどのように叙述するのが適切なのだろうか。本論考の最終目標はこれを世界の近代諸革命と比較可能にするため、いくつかの論点を抽出することにあるが、それに先だって、まず維新による政治・社会の構造変化を概観し、次いでそれがいかにして生じたのかを、『維新史』とは異なった観点から概観しよう。

維新による構造変動

明治維新は、十七世紀末以来二百年近くにわたって安定していた日本の政治・社会構造を大きく変革した。統治身分の武士をなくし、被差別民を原則上は廃止した点から見て、世界の近代に生じた最も大規模な革命の一つであったと言える。「革命」は、比較的に短期の間に起きる大規模な社会的権利の再編成と定義できる。それを鮮明に把握するには、革命前と後の二時点を取り上げ、その政治・社会構造を比べてみるとよい。ここでは、維新の発端をなしたペリー来航の一八五三年と国会が開設された一八九〇年を比べる。[18]

まず政治体制である。近世日本には図2－1のような「双頭・連邦」の国家があった。国の

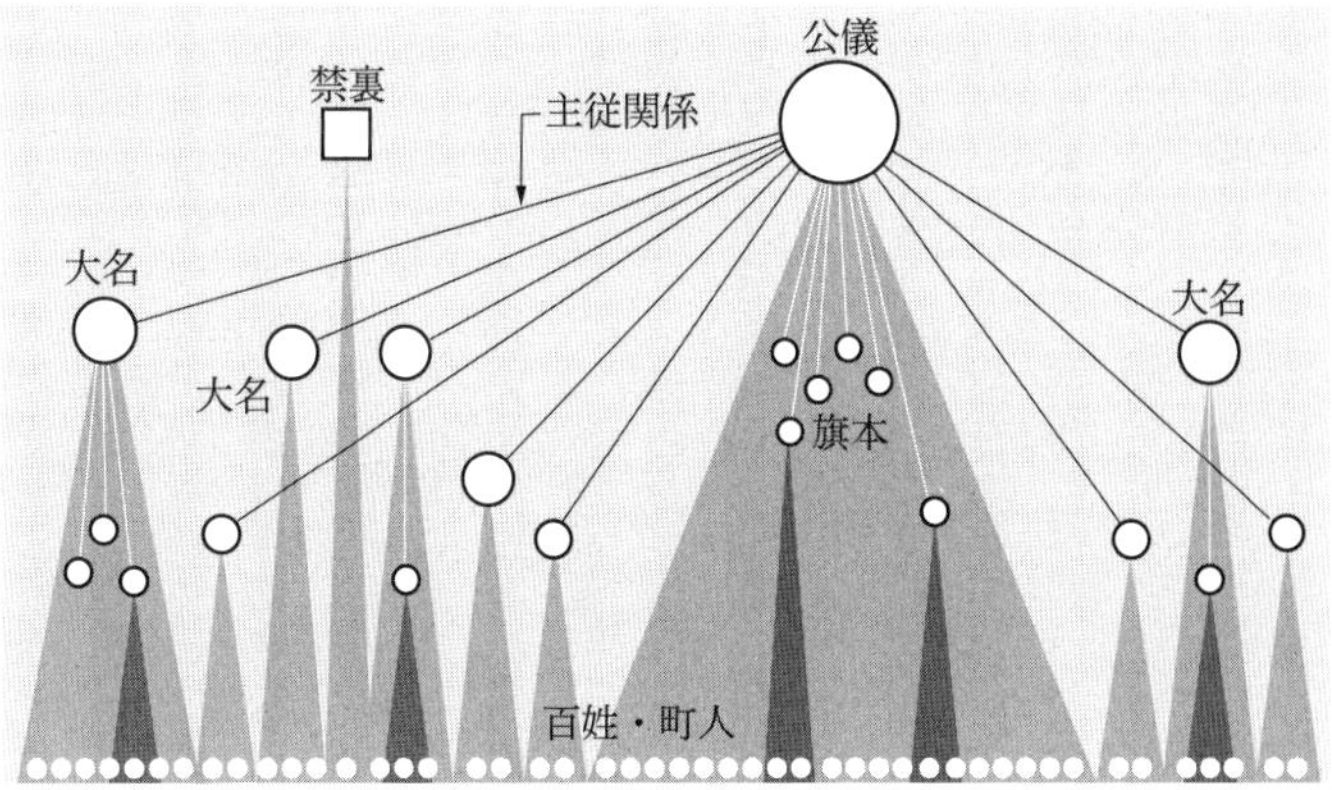

図2－1　双頭の連邦国家モデル

頂上に、江戸に本拠を構える徳川氏の「公儀」と京都の「禁裏」の二つの政府がある一方、国の基礎単位は二百数十の大名の「国家」であった。一国家の頂上に二人の君主とその政府が併立することは世界史に珍しい。管見の限り、十八世紀後半のベトナムに見られるだけで、それも短期間に一つの王権に収斂した。鎌倉時代以来、七百年以上も二王権が併立したこと、かつそれらの関係が概ね安定していたことは珍しい事実である。[19]

江戸時代の政治体制は「幕藩体制」と呼ばれるのが戦後の慣例であるが、適切ではない。字を見れば分かるように、ここには京都の王権がなく、これではいつまで経っても王政復古が起きるはずがない。江戸時代の朝廷の研究者の中には、「朝幕藩体制」と呼ぶ人があるが、これも適切ではない。朝廷は幕府に官位を下していたが、幕府は朝廷に法度を下し、違反した場合には公家を処罰した。両者の関係は上下一列に並べられるものではなかったのである。

他方、近世の政体の骨格は約二百六十の大名が個別に江戸の「公方」と主従関係を結ぶことによってできていた。各大名は徴税と裁判をほぼ独占する小国家であったから、その集合体は比較史上は連邦国家と呼ぶのが適切だろう。十九世紀後半の世界には、アメリカ合衆国やドイツ帝国のように連邦国家が少なくなかった。しかし、前者は当時三十余、後者は二十六の政治単位からなっていたから、二百を越える単位からなる近世日本はこれまた例外的な存在であった。ただし、実際に独立して行動できたのは大大名二十七個ほどである。[20]

このような「双頭・連邦」国家が、一八六八年の王政復古と一八七一年の廃藩置県によって「単頭・単一」の国家に激変した。この国家は、一八七七年に最後の大反乱、西南内乱をしのいだ後、民間に興隆した自由民権運動の圧力を受けて、一八九〇年には国会を開く一方、その直前には文官の試験任用の制度を設けた。幕末に現れた「公議」「公論」＝政権参加の要求にこたえる制度をこうして国家の中に具現したのである。

他方、同じ期間に脱身分化も生じた。近世日本は政府も社会も世襲的な身分によって構成され、人々は生まれ落ちた家が所属する身分の中で一生を送った。維新はこの世襲身分制を廃止したのである。明治維新を革命の一つに数える根拠はここにある。

脱身分化の方針は新政府が発足約五カ月後に制定した最初の国家基本法「政体」に明記されている。その第三条は九等からなる官のうち、一等官には「親王・公卿・諸侯」でないと任命しないが、二等官までは「藩士・庶人」も任用できると定めた。明治政府で政策決定を実際に担ったのは二等官以下であり、西南内乱までに高等官の二十％が庶民出身になっていた。[21] 脱身分化はまず政府の内部から始まったのである。

廃藩後にはこれが社会一般に拡張適用された。直後には、穢多・非人の称を廃し、平民に統合すべきことが発令されているが、他方では、統治身分の核をなした武士身分の解体も進められ、一八七六年にはその世襲する家禄は減額の上で公債に置き換えられ、帯刀の権利も奪われた。これまた容易にはできないことであり、西南内乱の背景がここにあったのは疑いない。その結果、日本列島に生まれ育った人々は、男性に限ってではあるが、対等の権利を持つようになった。例外は、皇族・華族（旧大名・旧公家）約五百家弱である。[22] 王政復古である以上、皇族や旧公家が優遇されたのは分かるが、旧大名も厚遇されている。それは新政府を構成した旧武士が主君の政治的権利を奪ったとき、やましい思いを回避するために必要な不可避の代償だったように思われる。

脱身分化は同時に人々の権利と責任を共同体から個人に移し替えた。近世では、年貢は村単位で納入したから、故あって年貢が払えない家が出た場合は、村がそれを肩代わりしていた。しかし、地租改正によって土地の所有者が確定したのちは、課税が個人に対して行われたため、そうした保証はなくなった。他方、一八八二年に施行された刑法では近世までは当然であった身分による刑罰の差別が廃された。日本人は一律の基準により個人単位で裁かれるようになったのである。
明治維新による変革はこれら以外にも一連の自由化、規制撤廃をもたらした。旅行・居住地選択・職業選択・婚姻の自由化などがそれである。初期の明治政府は社会的束縛からの解放を連発し、それはやがて、対等な個人からなる政治共同体としての「国民」（憲法上は天皇の下での「臣民」）を形成する基盤となった。

明治維新の政治過程

次に、徳川体制が崩壊し、明治体制が一応の安定を見るまでの政治過程を概観しよう。明治維新の理解には過程を辿ることがとくに重要である。明治維新では、他の諸革命と比べて、イデオロギーの果たす役割が小さく、その改革課題も政治的な試行錯誤の中で発見、共有されていったからである。

近世の政治体制が崩壊を始めたのは一八五八年のことで、その十年後に天皇の下に新たな政府が組織され、さらにまた十年後の一八七七年には最後の内乱が終わった。維新の政治動乱は約二十年間を要したのである。

1　発端――グローバル化の受容と技術的対応（一八五三―一八五八）

維新の下地は一八五三年に米使ペリーが日本に開国を要求したことで作られた。その後五年間は政治的安定が続いたが、一八五八年、大規模な政変が起き、近世の政治体制は大崩壊を始めることになった。

もしアメリカ等から開国使節が来なかったなら、維新の動乱も大改革も、少なくとも十九世紀半ば過ぎには起きなかったであろう。[23] 時の幕府首脳は、西洋諸国との国交や通商は回避しながら、下田・箱館などを外国船に開港し、西洋との紛争を回避する措置を採った。同時に、西洋諸国との交際に備えて、軍備の再建と洋学の導入を図った。近世の長い平和の中で日本の軍備は警察力以上のものではなくなっていたが、西洋との危機を機会に江戸内海に砲台を新設し、オランダの援助を得て洋式の海軍を創った。[24] 江戸に講武所、長崎に海軍操練所などの学校を設け、これに着手したのである。他方、江戸には蕃書調所を置き、外交文書の翻訳者の養成を始めた。そこでは、オランダ語に加えて、英語・仏語・独語などの教育、やがて文理両面にわたる西洋学の研究も始まっている。これらの洋学校の教員と学生には、幕臣だけでなく、大名家臣も動員され、全国に新知識を普及することも図られた。これらの措置は政治過程に直ちに影響したわけではない。それは同時代中国の洋務運動と同様であった。しかし、こうして養成された洋学人材は長期的には大きな影響力を持った。維新の結果誕生した明治政府は、西洋化のために彼らを十二分に活用することになるのである。

一方、アメリカ使節の到来から五年の間、国内の政治は平穏であった。当時の幕府は、改革の努力の傍ら、水戸や薩摩などの有力大名や京都朝廷を懐柔することに努め、表面上は国内の支持を得ていた。しかし、その裏面では、長期間の泰平とともにあった鎖国体制が破られたことへの当惑や不安、とくに武力で開国を強制されたことに対する屈辱の意識が蔓延した。幕府は条約の締結に先だって諸大名に意見を諮問したが、この措置はそれまで国政に沈黙を強いられていた武士身分に発言の機会を与えた。危機意識と政治参加への野望が喚起され、それが政治動乱を用意したのである。

2 政治秩序の崩壊（一八五八―一八六三）

将軍家が一八五八年にアメリカと二番目の条約を結び、蘭・露・英・仏と同様の条約関係に入って、鎖国体制からの最終的な離脱を図ったとき、近世の政治体制は大崩壊の嵐に巻き込まれた。以後、一八六三年まで、日本の政界には従来は発言権のなかった朝廷・大名・志士などが参入し、対立が対立を呼んで、予測不可能な歴史が展開することになった。

一八五八年、幕府が慣例を破って天皇に条約の勅許を求めると、天皇はこれを拒んだ。同時に、江戸で決まるはずの将軍の後継者問題が京都に持ち込まれ、条約問題と絡んでしまった。その結果、将軍家と朝廷、将軍家と大大名、将軍家と志士の間に厳しい政治対立が生じ、これらが連鎖して、日本の政界は不信と憎悪が渦巻く悪循環に陥ったのである。(25)

この政変の最中に二つの政治目標が出現した。一つは「公議」「公論」、もう一つは「王政復古」である。前者は、徳川家門の越前と外様国持の薩摩を中心とした大大名の主張であり、「天下の公論」の名の下に従来は発言が許されなかった将軍家の継嗣決定に介入した。その背後には、大規模な政治改革の構想があった。煩をいとわず再説すると、一つは幕閣への大大名の起用である。従来、徳川の老中は、将軍の権威を維持するため、中小規模の大名しか任用されなかった。大規模な所領と軍隊を持つ大大名は、外様大名だけでなく、徳川親藩も幕閣から排除されていたのである。大大名のうち薩摩のように西洋への海防を心がけてきた者たちは、開国という対外関係の根本変革にあたり、自ら国政に関与することを願い始めた。他方、この改革案では、将軍家の官僚に大名の家臣や庶民を登用することも盛り込まれていた。近世の官職任用は世襲身分に応じて行われていたが、ここでは、生まれた地域も身分も問わず、日本全国から有能な人材を登用することが提案されたのである。双頭・連邦制という大枠は維持しながら、実質的に世襲身分制の解体を喚び起こすような提案がなされたのである。

ただし、この制度改革は、将軍継嗣の擁立が失敗した結果、闇に葬られ、その実現は明治政府が創立後に制定した「政体」を待たねばならなかった。しかし、この政変の過程では、長年のタブーであった政府外の人士による政治議論、「公論」の可能性が開けた。そして、一八六〇年に大老が暗殺されると、大大名、中下級武士、庶民が公然たる政治運動を始めた。その中では、京都に集まった牢人や下級武士による「尊王攘夷」の運動が次第に優勢になり、その果ては、攘夷即行に国是を定めた長州藩を中心に、幕府の打倒が計画されるに至った。

3　秩序再建の試みと武力衝突の発生（一八六三－一八六七）

しかし、一八六三年、宮廷クーデタによって尊攘急進派は京都から追放され、その後、薩摩・越前は徳川慶喜と提携して、秩序の回復を図った。その案は、天皇の下、徳川を中心に有力大名が構成する「公議」政体を実現する一方、天皇に対しては開国の容認を促そうというものであった。しかし、幕閣は大大名の政権参入を斥けるため、会津と手を組み、攘夷に拘る天皇にすでに開港していた横浜の鎖港を約束して味方につけた。この時、徳川慶喜は薩摩・越前と手を切り、新たな体制の中心に立つことになった。

一八六四年、体制崩壊の始まった六年後、天皇と将軍家は和解し、相対的に安定した体制が生まれた。この「公武合体」の体制は、しかし、外部に有力な敵を持ち、不安定であった。尊攘を掲げる水戸と長州は相次いで武力反乱を起こした。水戸では攘夷派が百姓とともに反乱を起こし、八百名あまりが京都に向かった。また、その鎮圧直後には、長州が京都を奪回し、全国を攘夷戦争に引き込むために、大軍を京都に送り、御所にまで攻め込んだ。これは、会津や薩摩によって撃退され、長州は朝敵に指名されて、討伐を受けることになった。

他方、長州からの京都防衛に手を貸した薩摩や越前は依然、機会あるごとに朝廷に「公議」政体を創ろうと働きかけた。長州が謝罪したとき、その最終処分を有力大名の会議にかけようと提案したり、西洋の連合艦隊が兵庫沖に現れて条約勅許を強要したとき、その可否をやはり大名会議にかけよと主張したのである。いずれも徳川慶喜や会津によって退けられた。しかし、一八六六年、将軍家は有力大名の反対を押して「朝敵」長州の征討に踏み切り、失敗した。徳川の権威は決定的に下落し、政治秩序を回復するには天皇の下に新政府を組織する以外にないとの観測が世に広まっていった。

敗北の最中、徳川慶喜が病死した将軍の後を継いだが、彼は大名の支持を再確保するため、以前は斥けた「公議」政体への移行を考え始めた。この動きは一旦孝明天皇によって斥けられた。しかし、天皇が亡くなると、三度目の可能性が開けた。徳川慶喜は徳川の組織的・軍事的・財政的強化に努め、それを背景に薩摩・越前ら公議派大名による政権参加や長州赦免の要求を退けた。すると、薩摩は敢えて長州と組んで武力決起への構えを明示し、これを見た慶喜は、土佐の進言を受け入れて、天皇へ政権を譲渡し、その下に大大名と公家による公議政体を建てて、これを主宰することに決めたのである。

4　徳川排除・東北戦争・急進改革（一八六八―一八七七）

こうして「王政復古」が実現間近となったのであるが、そこには二つの路線があった。徳川慶喜と幕閣は徳川が主宰する新政府を想定し、これを外様の土佐をはじめ、越前・尾張などの徳川親藩が支持した。これに対し、薩摩や長州はまず徳川を排除し、それによって廃藩をはじめとする大規模な改革への道を開こうと狙っていた。幕末十年の政争の中で、「公議」理念が普及し、議事政体による政権参加が広く支持を集めるようになった。それだけではない。薩摩や長州の指導者は、次の政治課題、廃藩と脱身分化までを展望するようになっていたのである。

一八六八年一月三日に王政復古のクーデタが行われたが、これに参加したのは、薩摩以外は徳川親藩の尾張・越前、徳川びいきの土佐、中間派の安芸で、長州は不在だった。その結果、新政府は一旦徳川慶喜を迎え入れることを決めた。ところが、大坂にいた徳川慶喜の臣下や会津、江戸から駆けつけた旗本たちは、クーデタや江戸での薩摩の挙動に激昂し、武力で京都の政権を打倒しようと図った。薩摩は、直前に入京を許されていた長州とともにこれを迎え撃ち、打ち破った。その知らせを聞いた徳川慶喜は江戸に逃亡して戦いは終わった。

この京都南郊の戦争は、新政府における薩摩と長州の主導権をもたらした。しかし、二百六十余の大名の連邦だった日本では、この新政府が成功するか否かは他の大名の支持如何にかかっていた。西日本の大名は徳川恩顧の大名を含めて直ちに支持し、中部と関東の大名もこれにならった。徳川慶喜自身は反抗を避け、江戸を開城した。しかし、東北の大名は新政府を薩摩・長州が私物化したものと見なし、会津に与して反抗した。この東北戦争は半年で終わり、蝦夷地に赴いて反抗した者も翌年初夏に降伏した。日本全体として見ると、戦場となった地域は稀だったが、東北の戦争は激烈で、双方合計で約一万四千人の死者を出している。政府は戦後、反抗した大名を一旦改易した後、大幅な減石の上、再興を認めた。(26)

新政府は全国から身分を問わず人材の動員を図り、最初の国家構成法「政体」(一八六八年六月)に書き込んで、実行した。官僚の需要が急増すると、有能な人材を出身を問わずにリクルートしてこれを満たし、同時に各藩から代表を「公議所」に集めて政策を諮問した。うち最も重要だった案件は廃藩の可否である。公議人たちの多数意見は、廃藩は否定するものの、中央政府による漸進的な集権は支持するというもので、これを背景として、政府は一八六九年七月、世襲の領主だった大名の地位を政府の任命による地方官に変え、次いでその家産と地方政府の財産とを分離した（版籍奉還）。その二年後、さらに大名の地方政府を廃止し、自らの官僚を派遣して直接統治することにした（廃藩置県）。ここに近世の統治体制は解体され、東京による中央集権の体制ができたのである。

廃藩に続いて武士身分の解体が行われた。廃藩は武士全員を解雇する措置でもあって、うち再雇用されたのは三分の一に過ぎなかった。武士の大多数は職務なしにただ世禄を食む存在となったのである。中央政府はこの世禄を地方政府に代わって支払う立場になった。また、地方政府が内乱動員によって背負い込んだ巨額の借金や私的に発行した紙幣も引き継いだ。これらは、日本のインフラストラクチャーを西洋技術の導入によって整備し、経済的発展をめざそうとする政府にとっては大きな障害であった。政府は紙幣の回収・償却や借財の支払いを断行し、さらに一八七六年には武士の世禄の解消にも踏み切った。年々の家禄支給を打ち切り、代わりに国債を与えて、いずれ償還することとしたのである（家禄処分）。

こうして、人口の約六％に上った武士身分は解体された。近世の統治身分は、皇族、および元の公家と大名からなる華族、合わせて五百家たらずを除き、いなくなったのである。その一方、廃藩の直後には、被差別身分だった穢多・非人も廃止され、平民に統合された。旧武士は称号以外は平民と同等の権利を持つ身分となり、華族もやがて平民と同じ刑法・民法に服することとされた。すなわち、日本列島に生まれ育った人々は、琉球と蝦夷地を除き、かつ男女の差別は維持されたものの、ほぼ同等の権利を持つ存在に変えられたのである。のち、彼らは「国民」と称されるようになる。(27)

5　西南内乱——「公議」の暴力との訣別（一八七七）

明治日本の基本課題は、西洋列強のグローバルな勢力拡張の中で、日本の存続を図ることであった。政府はそのために権力編成の変革だけでなく、経済の発展、およびそれに必須とみた西洋の科学技術の導入に全力を注いだ。(28)しかし、その一方で、権力問題は依然、重要であった。一八六八年の内乱で勝利を収めた薩摩・土佐などの軍隊が東京政府の乗っ取りを狙い始めたからである。戦に負けた東北はもはや反乱を企てなかった。逆に勝者の側や無傷の大藩の中には冷遇されたとの不満を募らせ、天下再乱を期待して軍備拡張を急ぐものが現れた。彼らの暴発を回避するため、政府は一八七一年、薩摩・長州・土佐の軍隊の主力を東京に集中して、天皇直属の近衛兵とし、さらに廃藩を行って帰るべき場所をなくした。しかしながら、二年後に征韓の可否をめぐって政変が起きると、これに敗れた征韓論者、薩摩の西郷隆盛と土佐の板垣退助が地元に帰り、その配下にあった近衛兵もこれに続いた。西南の軍隊と東京との間に睨み合いが始まったのである。

一八七七年、薩摩が反乱に立ち上がった。政府は九州に兵を送ってその東上を九州中部で阻止したが、戦乱は半年以上に及んで、薩摩軍の敗北で終わった。[29] この間、双方を合わせて約一万千五百人の死者が出ている。当時、土佐の板垣は薩摩に呼応して立ち上がる準備をしていたが、攻防が膠着すると武力反乱を断念し、もっぱら言論によって政府に対抗する方針に転じた。こうして、一八五八年以来の政治動乱は二十年間で終わり、以後は平和の下に、かつ西洋の立憲制を参照しつつ政治抗争が展開する時代が訪れたのである。

6　立憲君主制への移行（一八七七―一八九〇―一九〇〇）

西南内乱後の日本では、教育の普及や経済の建設が加速され、さらに、幕末以来の「公議」=政権参加の運動が新たに庶民の上層を巻き込みつつ展開して、一八九〇年には立憲君主制として制度化されることとなった。

幕末に越前や薩摩が始めた「公議」「公論」の運動はもっぱら国内の必要から生じたものであった。これに対し、徳川公儀に雇われた洋学者の中には、西洋を研究して立憲政体の導入を主張する者が現れた。[30] 加藤弘之は一八六一年、「隣草」を著し、清朝における国勢の挽回、西洋に対する挙国一致の実現方法に託して「上下分権の制」の導入を述べた。大名が西洋の議会を意識するようになったのはその数年後である。大大名による議会の創立は政治動乱の当初から提唱されていたが、その構想に藩士や庶民の参加が組み込まれたのは幕末最後の年であった。

明治政府の創立に伴って官僚人事の脱身分化や廃藩による中央集権化が行われたが、これらは幕末の政争の中で発見された課題に基づくもので、西洋の参照が果たした役割はごく限定的であった。[31]これに対し、「公議」の制度化に当たっては西洋の参照が決定的な役割を果たした。加藤弘之は明治初期に『立憲政体略』・『真政大意』等を公刊して「君民同治」体制の優越性を鼓吹した。一八七二年には、スイスの国法学者ヨハン・ブルンチュリの『一般国法学』の一部を翻訳し、天皇に進講している。[32]他方、政府左院の議官宮島誠一郎は同年「立国憲議」を立案し、中央官僚による上院と地方官による下院を組み合わせた二院制議会の創立について左院の合意を取り付けた。宮島は東北戦争で朝敵とされた米沢の出身で、その背後には議会により薩・長の権力を牽制する意図があったものと思われる。岩倉使節団の大久保利通らが、米欧現地の実見に基づいて「君民共治」の必要を認識して帰国したことも、この動きを加速した。

初期の立憲制導入論は政府の内部で考案されたものであった。しかし、征韓論政変の直後、それは民間にも拡散した。一八七四年、政変に敗れて下野した板垣退助ら元参議が左院に「民撰議院」の設立を建白したが、左院はこれを英国人の経営する御用新聞『日新真事誌』に掲載させた。[33]当時発行が始まったばかりの諸新聞はこれを機に民撰議院の可否ないし遅速について論争を始め、これを通じて民間に立憲制への関心が一気に拡がったのである。このため、一八七五年、政府は将来における立憲政体の導入を公約し、上下院の母体となるべき元老院と地方官会議を設置し、前者では世界の憲法の調査を始めた。庶民の上層は立憲制の提唱、さらに武士の解体を目撃して、自らが国会の開設を通じて国政の主体となる可能性に目覚めることとなった。

西南内乱が終結した一年後、土佐の主導の下、大阪で民権結社の全国組織として愛国社が再興された。(34) 各地に運動員を派遣した後、翌々一八八〇年には第四回大会を開き、各地の民権結社八十余、約八万七千人の総代百余名が集結して「国会期成同盟」を結成した。この組織は新聞の助けも得て地方に宣伝活動を行い、地方から総代を東京に送り、「国会開設」の請願を繰り返した。政府はこの請願を却下し続けたが、その一方では首脳たちが立憲制導入に関する意見集約を行った。その際、急進論を採る大隈重信と漸進論の伊藤博文らの間に意見対立が発生し、それはさらに北海道開拓使の事業の民間払下げをめぐる争いとも絡むことになった。政府はジャーナリズムの一斉非難にさらされ、この隘路を打開するため、一八八一年、政府は払下げを中止し、大隈を政府から追放する一方で、十年後の国会開設を世に公約した。民間では板垣らが自由党、大隈らが立憲改進党を結成して、準備運動を始めた。政府はこれらの抑制・弾圧に努める一方、伊藤を憲法調査のため欧州に送り、国会開会が近づくと中央・地方の官制を再編成した。文官の試験任用制や政府の腐敗を除去するために会計検査院を設けたのもその一環であった。

一八九〇年、帝国議会が開会した。(35) 前年に公布された憲法は二院制議会を置き、予算と法律の決定に両院の議決を条件とした。上院は官僚や華族、多額納税者らが構成したが、下院は民間からの公選によって組織され、ここに日本では代議制による重要事項の決定が制度化されたのである。国会開設後、下院で民党と政府党とが激しくせめぎ合ったが、何度選挙をやっても従来の運動によって地方名望家の支持を確保していた民党は頑強に勢力を維持した。政府事業の拡大や海軍の拡張を緊急課題とするようになっていた政府は下院の同意を取り付ける必要に迫られ、妥協への道を探ることになった。そのため、日清戦争の後には、政府を追放され、民党の領袖となっていた大隈重信と板垣退助が連合して政党内閣を組織した。国会開設の八年後である。政府は当初、政党の意義に疑いを持っていたが、その二年後の一九〇〇年には、長州出身の中心人物伊藤博文が自ら民党の多数派とともに大政党を組織し、これを基盤に政党内閣を組織した。その後、日露戦争の後には官僚と政党の内閣が交互に政権を担当することが慣例化している。以後も政治抗争は続いたが、この大枠は維持され、幕末に生まれた「公議」「公論」は立憲君主制として定着したのである。

以上の立憲制の導入過程は平和裏の妥協を特徴とした。権力の在処をめぐる政争は激しかったが、暴力が手段とされることはなかった。政府の側の忍耐はとくに注目すべきである。[36] 革命政権においてはしばしば政府の分裂が起きる。その時、政府側は追放した政治家に刺客を送ることが少なくないが、明治政府は逆に彼らを迎え入れ、内閣を組織することも許したのである。利害対立はあっても、イデオロギーや基本政策に相違が乏しかったことが、それに寄与していたのだろう。

東アジア国際秩序の変化

明治維新が変えたのは国内の体制だけではない。東アジアの国際秩序にも大きな変化を及ぼした。以下ではそれを瞥見しておく。[37]

1　近世の東アジア国際秩序

近世の東アジアは、北方に中国・朝鮮・日本・琉球などの国家、内陸にモンゴル諸部があり、南方にはベトナム・タイ、その他の国々があった。これらは交易ではすべて繋がっていたが、国家間の関係は一様ではなかった。東北の国々が農業国家で厳格に国境を管理していたのに対し、東南の国々は商業を重視し、国境管理は緩かった。このため、中国南部から東南アジアに多くの華人が移住したのに対し、朝鮮と日本には入国できず、その結果、この二国は文化的に強い均質性を持つに至った。[38]

東アジアの国家間関係は同時代のヨーロッパと比べるとかなり希薄であり、そのために長期にわたって平和が維持された。その中心には古代以来、中国の王朝があり、これが周辺の国々の多くと朝貢と冊封の関係を結んでいた。朝貢は周辺国の首長が中国の皇帝に貢物を捧げつつ臣従の礼をとることであり、冊封は皇帝が周辺国の首長を国王として認知することであった。

周辺国の朝貢は見返りの交易利益を期待してのことであって、冊封まで受けるのは朝鮮・琉球・ベトナム以外には稀だった。周辺国の中には日本のように朝貢関係に入らず、小規模の互市に留めるものがあり、中国との茶貿易に熱心だった西洋の諸国も同様であった。[39]

近世日本の国際関係は極めて限定的であった。[40] 朝鮮・琉球と国交・通商を持ち、中国・オランダと通商を行い、北方で蝦夷・カラフト（サハリン）・千島（クリル諸島）に住む少数民族と僅かな関係を持つだけであった。十九世紀前半の日本は、西洋諸国の北太平洋再登場を予感しつつ、この状態を「鎖国」と自覚し、これを強化する政策を採った。北方でロシアと若干の紛争を経験し、これが解決した後、一八二五年には、海岸に近づく西洋形式の船はすべて追払えという異国船打払令を布告している。同時に、隣国との関係も縮小した。近世初頭以来、十二回にわたって迎えていた朝鮮通信使の応接地を首都の江戸から国境の対馬に移し、一八一二年に実行した後は来訪がなくなった。西洋が北太平洋に再登場したとき、東北アジアの三国は相互に疎遠となっていったのである。

2　西洋への開国・近隣との国交と摩擦

その孤立深化の中で、日本の国内では西洋や世界地理の研究が進んだ。ロシアとの紛争を経験した後は、西洋の再登場に備えて様々の対応シナリオが考案された。西洋との危機の予感は清朝のアヘン戦争（一八三九―一八四二）によって強まり、公儀は海岸防備の政策を立案したが、財政収入の隘路に阻まれて実行できなかった。一八五三年にアメリカ使節が到来したとき、部分的な開国に踏み切り、のちに国交・通商からなる全面的な開国政策に転換したのは、財政困難という状況下で、事前に用意されていた外交政策の中で時々に実行可能なものを選択した結果であった。(41)

徳川公儀の鎖国放棄は国内の反感を呼び起こし、その没落を招来したが、明治政府は当初から開国政策を採用し、西洋との条約関係を引き継いで、約四十年の間、西洋と平和を維持しつつ、その近代文明の移植に努力した。それを象徴するのは、廃藩置県という大変革の直後、岩倉具視を全権大使として、政府首脳の半数と若手官僚、さらに留学生からなる大規模な使節団を米欧に送ったことである。帰国後は詳細な観察記録を公刊し、国内の啓蒙に努めている。(42)

他方、明治日本は近隣諸国との関係も再編成した。西洋との関係と異なって、これは幾多の摩擦と紛争、さらに戦争を引き起こすことになった。まず近世に唯一正式の国交を結んでいた朝鮮であるが、明治政府は発足の一年後に使節を送り、国交の更新を求めた。(43) しかし、朝鮮側はこれを黙殺した。日本の書簡中に天皇の「皇」の文字があったからである。清朝の藩属国であった朝鮮は、これを使えるのは中国の「皇帝」ただ一人と考えていた。日本国書の文字を認めると日本の君主は皇帝と同格となり、朝鮮国王の地位は近世に江戸の「大君」と対等交際をしてきたにもかかわらず、一段引き下げられることとなる。近世の日朝は日本の天皇と中国の皇帝を抜きにして二国間関係を設定し、それにより安定した関係を築いてきた。しかし、日本の政体変革はこの二者を関連づけ、朝鮮の想定する上下階層を持つ国際秩序と日本が求める対等交際との間に原理的な対立を生むことになったのである。無論、ここには革命政権を隣国が承認するか否かという一般的問題も伏在していた。

この日朝紛争は一時は日本側に征韓論を生み出した。一八七三年、日本の内閣は一旦、交際を拒む朝鮮に問罪の使節を送ることを決定したが、欧州から帰国した政府首脳はこれを覆して事なきを得た。これが国内に内乱を暴発させることになったのは先に見たとおりである。一方、朝鮮ではほぼ同時に政権交代が起きた。新政権は、日本の軍艦が引き起こした江華島事件を収拾するために日本が使節を送ったとき、これを受け入れ、その結果、一八七六年、両国は日朝修好条規を結び、国交の基礎を築いた。

他方、日本はほぼ二百数十年ぶりに中国と国交を結ぶこととなった。[44] 近世を通じ、両国は長崎を訪れる中国商人、および朝鮮・琉球を介して通商関係を結んでいただけであったが、一八七一年、日清修好条規を結んで国交を始め、両国人の往来も可能としたのである。それは中国が隣国と結んだ最初の対等条約でもあった。

しかし、その三年後、日本は台湾に出兵した。台湾に漂着した琉球人を現地人が虐殺し、その責任を問うことを標榜したが、実際は征韓中止を憤った近衛兵の不満をそらすのが目的であった。清朝は版図の台湾に対する武力行使に抗議したが、イギリスの仲介もあって、清朝が監督不行届きの代償に若干の慰謝料を支払うことで無事、収拾された。しかし、一八七九年、日本が琉球を併合すると、両国は再び厳しい対立関係に入った。琉球は十五世紀に明朝に冊封された国であったが、一六〇九年に島津家によって征服された後は日中に両属し、両者の交易を媒介しつつ存続した。日本は、これを西洋国際法の主権原則に基づき、日本の排他的領土として組み込んだのである。その根拠は二百数十年にわたる島津家の実効支配であったが、冊封・朝貢を秩序原則とする清朝はこれを版図の侵害と見なし、両国は政府・世論の両レヴェルで対立を始めた。しかし、清朝は新疆でロシアとの紛争を抱え、日本は西南内乱の直後で疲弊していたため、いずれも戦争回避に動いた。その際には、対立緩和のため、双方で、ロシアを共通の敵とし、「同文同種」の日中が連帯するというアイデアが提唱されている。

東アジアでは従来、国際秩序は二国間関係の束として想像されていた。しかし、日本が維新により隣国との関係の更新を図った結果、日中間に対立が発生し、それを収拾するために「亜細亜」というリージョナルな枠組が創出されたのである。この「亜細亜」は当初、東北アジアのみを含むものであったが、日本の関心が西洋の名付けた「アジア」全域に拡がると、「東アジア」と呼び変えられるようになる。

3　海外派兵の抑制から対中戦争への転換

さて、維新後の日本はこうして中国・朝鮮との間に恒常的な国際関係に入った。しかし、その後、一八八〇年代には、朝鮮で二度、内乱が起き、これに清朝と日本が巻き込まれる事件が発生した。このとき、日本の軍部は大規模な軍拡を計画したが、政府は国内の財政整理を優先させてこれを抑えている。その一方、朝鮮に関しては、もっぱらロシアの勢力拡張を予防することを主眼として、清朝や英米列強等との協調の下にこれを中立化する政策を提唱した。[45]

この朝鮮不介入政策が転換したのは一八九〇年代前半のことである。日本は財政整理後、経済の急成長を経験し、これを背景に鉄道の整備や艦船の輸入を行った。それにより国内から徴兵軍を動員し、海外に派兵することが可能となったのである。一八九四年、朝鮮で三度目の動乱が発生すると、以前は軍の要求を抑えていた政府は態度を転換し、清朝との戦争に踏み切った。[46]

以上、明治政府が成立した後の対近隣政策を概観した。ここからは、海外派兵が維新の直接の結果ではなかったことが分かる。台湾出兵から日清戦争までには二十年の空白があった。政府はこの間、対外紛争をミニマムに抑え、国内の教育普及や経済開発に注力した。国家を相手とする戦争に踏み切ったのは、その成果が現れ、海外派兵が可能な経済的条件が整った後のことだったのである。近代日本の近隣に対する侵略や支配は、廃藩や脱身分化により維新が完了した後に起きた、別の過程として理解することが適切であろう。

明治維新後の日本は日清戦争の後、一九四五年の対連合国敗戦に至るまで、二十世紀の前半に大規模な戦争を繰り返した。今日の明治維新のイメージには、この大日本帝国が行った近隣侵略が影を落としている。朝鮮の支配も昭和の中国侵略も維新から始まったという理解である。これは必要条件としては正しい。江戸時代の鎖国体制を維持していたら、日本人が日本列島の外に姿を現すことはなかっただろう。しかし、維新が十分条件を与えたわけではない。近隣に対する領土拡張の構想は幕末から存在した。しかし、それは一部の人士の主張に留まり、政府がこれを国家目標に掲げ、実行したのはその成立二十七年後のことだったのである。

四　革命比較への問題提起

さて、次には観点を変え、明治維新の研究をどう革命の比較研究に生かすか、考えてみよう。比較の対象とするのは、主に近隣の中国とフランスである。七点ほど取り上げる。

第一は革命発生の機縁が内発的か外発的かという問題である。革命は当該社会に強いストレスがかかったときに生ずる。ストレスは内外両方から訪れるが、革命によってその比重は異なる。フランス革命はアメリカ革命をはじめ、イギリスとの抗争の中で生じたが、革命がイギリスに発生せず、フランスで生じたことを見ると、国内的要因が勝っていたようである。これに対し、明治維新は外発的な革命であった。我々はいかなる内部的な予兆もペリー到来の前に見出すことはできない。これは十九世紀に西洋諸国の世界進出が顕著になった後、中国やベトナムなど、非西洋世界で一般的に見られた現象である。明治維新の当事者は西洋による侵略からの自国防衛を基本課題として共有していた。防衛のための革命は西洋の内部でも見られる。例えばプロイセン改革はフランス革命とナポレオンの侵略からの防衛を動機として行われた。[47] 維新はこの防衛的改革の、最も徹底的な初期の例として見ることができよう。

第二は革命の初期条件、すなわちどんな政治構造が革命を招きやすいかという問題である。近世日本の政治体制は、同時代の中国や朝鮮と比較すると、徴税能力の点で勝っていた。中国では全土に対し低率な間接税が課されていたが、日本では土地所有者から直接に高率の地税を取っていた。大名の小国家は長期の平和の中で徴税能力を低下させていたが、それでも東アジアの中では高い部類に属し（GDPの十五％以上）、十九世紀第3四半期に起きた維新の動乱の中でもそれが落ちることはなかった。[48]

しかしながら、近世日本は全国的な政治組織の面では弱みを抱えていた。二百六十余の小国家の連邦で、君主が二人もいた。この複合的構造は容易に解体しやすいものであり、同時に再建も容易にした。これに対し、中国や朝鮮は整合性の高い政治組織を持っていた。一人の君主が科挙で選んだ官僚を使って統治に当たり、その全体が儒教によって強い正統性を与えられた。[49] このような体制を解体するのは易しくない。科挙がいかに激しい競争を生み、無数の落伍者を出そうとも、男性における「機会の均等」は魅力的であった。かつ儒教の試験は合格者が徳を十全に備えることを証明すると見なされ、彼らに人民に対する明確な優越性を与えた。中国・朝鮮は人が考え得る至善の体制を持つとの確信を定着させていたのである。同時に、朱子学以外の政治イデオロギーは異端として注意深く監視・排除された。その結果、人々が根本改革の必要を考えることなどあり得なかったのである。

これに対し、日本では、十九世紀になると双頭体制が不安定になった。国学が十八世紀後半から普及するにつれて、二人のうち真の君主は京都の天皇であるとの認識が国内に浸透していった。このような知的変化が進む中、十九世紀半ばに将軍が西洋の軍事圧力に屈して開国すると、その正統性は急速に薄れていった。その結果、大名や武士はその国家防衛の期待を将軍からその屈服を批判した天皇に移した。次いで、天皇の一身に日本の君主権が集中され、これに続いて大名の小国家群も解体されて、それを構成した武士たちも世襲的な地位と収入を失った。近世に普遍的だった身分と才能の分布の不整合はこうしてごく短期間に解消されたのである。

要するに、分権的構造が解体を容易にし、かつ君主が二人いたために片方が権威を失ったとき、直ちに他方に権力を集中できたのである。一般に、体制の崩壊後には新たな首長を生み出すために激烈な権力抗争が長期にわたって続くが、維新の日本はそれを最小限に留めることができたのである。

この経験は革命が不整合を多く抱えた体制に生じやすいことを示唆する。不整合それ自体は必ずしも解体をもたらすわけではない。安定した環境下に体制の各部分が互いに役割分担の関係に入ると、それはむしろ安定をもたらす。(50) しかし、一旦、政治体制に大きな負荷がかかると、不整合は矛盾に転化し、そうなると体制は自壊を始める。崩壊が始まる最初の不整合のありかは革命ごとに異なり、対立開始後に生ずる問題連鎖の仕方も異なる。それぞれの革命で崩壊の出発点と連鎖の仕方を特定し、その上で比較を行うなら、ある程度革命のパタンを類型化できるかも知れない。

第三は革命における君主の役割である。中国革命とロシア革命以来、二十世紀を通じて、革命とは君主制の打倒に他ならず、社会に内在する歪みを正す大変革を、君主制が遂行することはあり得ぬと考えられてきた。この点で明治維新は顕著な例外をなす。しかし、これを唯の例外と考えてよいのだろうか。専制者が貴族の弱化・解体を図ることがある。彼らは自らを庶民の味方として表現し、民衆の圧力を動員して既得権者を弱体化させるのである。ナポレオン一、三世のように、これは君主制を打倒した後に成立した近代の独裁体制にしばしば見られる。

しかしながら、こうした現象は伝統的な君主制では稀にしか見られないようである。君主は貴族と一体で、互いに協力して権力基盤を維持し、しばしば下からの挑戦や反乱を抑圧するように行動する。十七世紀のブリテンで起きた革命が激烈なものになった一因は、この一般的傾向から逸脱したことによる。[51] これに対し、十九世紀日本では君主制が変革のピヴォットとなった。それは、天皇が十四世紀以来、国政決定権も財産も持たず、ただ国家統合の象徴として存在してきたからである。幕末の天皇と廷臣が狙ったのは利権の拡張でなく、その象徴的権威を高めることであった。彼らは十四世紀の後醍醐天皇による王政復古の失敗を意識して、自らを日本人すべてにとって公平な存在と自己表現し、世の支持を集めた。武士たちはその至上の権威を攘夷の正当化、公論の場、大名間の関係調整など、自在に利用し、王政復古の後は身分を越えた人材登用、さらに大名国家の一律廃止にも使った。

君主（の名）による社会の大改革は君主の政治的・経済的無力を条件とする。中国・朝鮮であろうと、西洋であろうと、前近代の君主はその一身に国家的な財政と人事に関わる決定権を体現するのが普通であった。日本の類例は十八世紀の名誉革命後のブリテン以外には見出すことが難しいだろう。ブリテンで「王は君臨すれども統治せず」という体制が成立し、日本の伝統的な王権のあり方に近づいたのは、半世紀にわたる激烈な内戦を経て王権が無力化し、かつ秩序の安定が喫緊の課題となった結果、王権の象徴的な統合力と議会による決定権との組み合わせに行き着いたからと思われる。ただし、君主制の弱体化は大規模な社会変革にとっては必要条件に過ぎない。君主制が改革の鍵となり、十分条件を与えた明治維新は、やはり珍しい事件だったのかも知れない。

なお、日本の伝統的な王権も、明治以降のそれも、近代西洋の概念では把握しにくいことを指摘しておこう。双頭の君主制が七百年以上も維持されたのもさることながら、王政復古で日本レヴェルの君主が天皇に一本化された後も、例えば、これを「主権」と断ずると無理が生ずる。大日本帝国憲法はその条文に、行政・立法・司法・外交・軍事をすべて天皇が掌握すると規定したが、天皇の決定には所管大臣の副署が必須であった。(52) 起草者の伊藤博文が医師エルヴィン・ベルツに公言したように、天皇も皇族も、政府高官の振付け通りに行動するのが当然とされた。[53] これを人事・財政の全権を行使した中国・朝鮮やフランスの王権と同様に見なすことはできない。明治日本における立憲制の定着、政治的自由の拡充、政党政治への移行、そして昭和前期に生じた天皇の「大御心」の濫用は、こうした西洋産の概念では捉え得ない王権の性質に依存していた。同時に、天皇が神聖性を帯び続けたことも近代西洋の常識では捉えられない。[54] その神聖性と世俗権力性の二重性はこれまた流動的であり、明確な整理は不可能であって、そのあり方は時々の解釈に委ねられてきた。非西洋世界の政体を西洋の概念で把握することにはかなりの限界がある。

第四は世界の中に自国をどう位置づけるかという問題である。中国は歴史始って以来、自国を世界の中心と見なし、その体現する文明は他に比肩できるものがないと自負してきた。この自己中心的な世界像は外部を注意深く観察する努力を妨げた。これに対し、日本人の多くは自国を中国やインドという文明の辺境に位置づけ、常に外部から学ぼうとする知的習慣を持っていた。近世には中国に加えてオランダからも書物を輸入し、西洋の動向に注意を向け始めている。そのため、知識人は十九世紀の前半には西洋による世界のパワーシフトと太平洋西岸への進出に気づいており、西洋人が日本に再接近した時にどうするか、シミュレーションを繰り返していた。[55] アメリカ使節の到来以前、既に幕府の内外で防衛のための改革を考える人がいたのである。国際関係の緊張は常に改革に強い動機を与えるが、その度合や起動のタイミングは外部世界への敏感さによって異なる。中国や朝鮮が本気で日本と同様の改革を始めたのは日清戦争の最中、日本の約四十年後のことであった。

第五は革命に伴う犠牲者の問題である。明治維新における政治的死者は約三万人であった。[56]他の主要な革命に比べて極めて少ない。フランス革命の場合、内乱と対外戦争を合わせると約百五十五万に上った。ロシア革命や中国革命の場合は一千万を超えるのではないだろうか。この間の差異はどう説明できるだろうか。まず指摘できるのは対外戦争の有無である。日本は中央政権が一貫して戦争を回避し、長州と薩摩が西洋と行った砲撃戦も小規模かつ短期に終わった。これに対し、フランス革命の対外戦争の死者はフランス側だけでも約百十五万に上っている。[57]

しかし、国内の死者にも大きな差異がある。フランス革命での死者は内乱だけでも約三十五万に上った。革命当時のフランス人口（二千七百万人）は維新当時の日本の約八十％であったが、その犠牲者は日本より二桁多かったのである。これはどう説明できるだろうか。一つは民衆の関与の度合である。エリートの政争に文字なき民衆が関与する時、その関心はしばしば改革から「正義の代行」に転化し、暴力に歯止めがきかなくなることがある。[58]

また、明治維新ではイデオロギー的衝突が稀にしか見られなかった。ヨーロッパの宗教戦争や今日の中東紛争が示すように、人は宗教やイデオロギーの対立に関心を集中すると著しく不寛容になる。フランス革命では革命政権とカトリック教会との間に厳しい闘争が展開した。また、知識人たちは理想の社会をめぐって様々の青写真を提出し、それらの間にも衝突が生じた。

これらの条件が秩序再建に不可欠な妥協を著しく困難としたのである。[59] 中国革命の場合にも、最後はイデオロギーを異にする国民党と共産党が対立を始め、大規模な内戦までエスカレートした。

日本の場合、十九世紀にはイデオロギー対立がほとんど生じなかった。天皇が究極の権威であることは将軍家も認めるようになっていた。当時、仏教や儒教、各種の神道など、多様な宗教や宗派が存在したが、その大多数は共存していた。同一人が複数の宗教に帰依し、日常的に崇敬するのは普通のことだった。[60] このような知的環境において、幕末に政治運動に携った人々の主流は、政体改革のために「尊王」への訴えかけを共有する一方、人々の精神的救済や信条には無関心であった。王政復古の後、国学系の宗教家が政府に入り込んだが、政府が設けた「大学」で同じく「政教」の確立を目指す漢学者と衝突したとき、政府は「大学」自体を廃止し、洋学系統の学校のみを残した。同様に、宗教者が入り込んだ神祇官は太政官の一部に格下げされた後、大教院に改組されて周辺に追いやられた。のち、政府は国家神道の組織を作ったが、それは通常の「宗教」組織とは区別される存在であった。[61] 大日本帝国は神聖君主を戴くゆえに聖俗分離はできず、昭和前期になると、これが多くの「思想」問題を引き起こすことになった。もう一つの政治宗教、マルクシズムが登場すると、イデオロギー対立はさらに先鋭化したのである。しかし、それは後のことであって、明治期の政治家の主流は政治に宗教を持ち込んで対立関係を複雑にするのを回避し続けた。

第六は革命の過程で誕生する公論と暴力の関係である。公論と暴力は革命の双生児である。大規模かつ急進的な改革を求め、「正義」を振りかざす政治運動は、しばしばあらゆる手段に訴える。熱狂的な運動に巻き込まれた人々は、不正や大義への裏切りを見つけると、言論による非難だけでなく、暴力によって懲罰と排除を始める。革命に流血がつきまとうのはそのためである。しかし、内乱を終熄させ、革命を成功させるには、どこかの時点で暴力を抑えねばならない。したがって、我々は公論と暴力がいかに出現するかという問題とともに、公論空間がいかに暴力と訣別するかを観察せねばならない。(62)

明治維新の場合、暗殺や武力による威嚇が時に政治局面を転換することがあった。桜田門外の変がその典型である。しかし、「公議」「公論」を主張し、幕末政界でオポジションの主流を形成した越前・薩摩等は、説得と交渉を専らの手段とした。薩摩は幕末最後の年に武力動員に踏み切ったが、王政復古に際しても政治交渉を優先している。それが破綻したとき鳥羽伏見の戦いが起き、戦勝した薩・長の主導性が確立したが、西日本と中部日本の大名は争うことなくこれを受け入れた。東北で戦争が起きたものの、半年でほぼ決着している。明治維新で死者が少なかったのは、節目節目で政治家たちが武力抗争の回避に努め、たとえ発生しても拡大を抑えようとしたことが大きい。その背後には、近世日本の長い平和で培われた同調主義のメンタリティ、および西洋による内政干渉に対する強い警戒があったとみて良いであろう。

しかし、この内乱が終結したとき、暴力も同時に姿を消したのではなかった。内乱の勝者となった薩・長・土の軍隊の中から再度の内乱を望む者が現れて、東京の政府を脅かしたのである。既存の天下再乱を防ぐ努力が破綻し、さらに武士の世襲家禄の廃止と帯刀が禁じられると、一八七七年、薩摩は反乱に立ち上がった。土佐は同時に挙兵する計画を立てていたが、薩摩の反乱が停滞する最中、政略を転換した。武器を捨て、専ら言論で政府に対抗する道を選んだのである。

この経験は、革命に貢献した軍隊の処遇がいかに難しいかを伝えてあまりある。内乱で打倒された勢力が復讐を企てることは実際には少ない。むしろ、革命の平時への移行に当たっては勝者の軍隊がトラブル・メーカーとなる。彼らをどう処遇するかが革命後の政府にとって最重要の難題になるのである。

この難題は最後の第七番目の問題と連なっている。暴力と訣別し、安定を見た体制は自由な体制になるのか、それとももう一つの専制体制に終わるのかという問いである。革命を成功させるには戦火を終息させねばならない。これに失敗すると、内戦は社会を破壊し尽くしてしまう。逆に暴力を止められるなら、新たな秩序が出来上る。しかし、それは、十九世紀のヨーロッパが提示した理想、平等と自由を同時にもたらすとは限らない。政治的自由の実現は革命の過程で動員された暴力の度合に反比例するように思われる。十八世紀以降の北米と西欧には自由を求めるイデオロギーが確乎として存在し、したがって、いかに夥しい暴力が動員され、革命への反動が繰り返されようと、最後には自由な秩序が可能となった。しかし、非西洋にそのようなイデオロギーは存在しなかった。明治の日本で政党活動や自由なメディアが生まれ、その条件下に比較的にリベラルな秩序が形成されたのは、たまたま革命に際して暴力への依存度が低く、かつ政府と民間知識人の双方が同時代の西欧に定着しつつあった自由な体制を自らの課題達成に有用なものと判断したためと思われる。それは日清戦争後の日本の変化を見ても明らかだろう。日清・日露の戦争で勝利した日本では軍隊の権威が増した。とくに一九三一年以降には、大陸への軍事侵攻が常態化し、兵士の動員も大規模になり、それに伴って自由は失われていったのである。

以上、明治維新の経験をもとに、そこから他の革命と比較し、議論するための論点を七つほど提示してみた。そのいくつかは十九世紀だけでなく、その百五十年後の現在においても人類の重要な課題として存在し続けている。明治維新はヨーロッパから見た「極東」に生じた取るに足りない事件ではなく、日本人のみが記憶を共有してナショナル・アイデンティティを固めるための道具でもない。日本の経験を人類一般の問題を考えるための素材や手掛りとして使える可能性をもし提示できたとしたら幸いである。

五　むすび

革命には長い時間がかかる。いつ始まったかは比較的に分かりやすい。しかし、いつ終わったのか、現在の社会とそれがどんな繋がりがあるのかは、よく考えねばならない。明治維新の始期が一八五三年のペリー来航による国際環境の激変にあることはいま異論がない。国内の政治動乱は一八五八年に始まり、一八七七年に終わった。以後の日本に大規模な内乱はない。しかし、一八五八年に提出された「公議」「公論」という課題が制度化されたのは一八九〇年であった。政治動乱は約二十年、政体の枠組の変動が終熄するには四十年弱の歳月を要したわけである。

この革命の期間はフランスや中国のそれと対比すると短い。一七八九年に始まったフランス革命は、ナポレオン専制、王政復古、共和革命、王政復古、ナポレオン三世の専制を経て、第三共和政に至ってようやく安定を見た。約八十年余がかかったのである。中国の場合は、一九一一年の辛亥革命から、国民党革命を経て、共産党の内戦勝利まで約四十年弱がかかり、その後体制が安定するまでには一九七七年の文化大革命の終熄までさらに三十年弱を要した。いずれも反動の繰り返しや甚だしい曲折を経験したのである。

これに比べると維新は短期間に行われただけでなく、反動がなかったのも特徴だった。ただし、日本は一九三〇年代に至って大規模な対外戦争と自由の抑圧を経験した。それを推進したのは旧エリートでなく、軍をはじめとする新興勢力であったから、反動というよりは逸脱とみる方が良いだろう。この体制は日本が自ら引き起こしたアジア太平洋戦争で崩壊した。そのとき、日本は新たな憲法を制定し、天皇の役割を近世以前のように限定し、基本的人権を確保し、男女の平等を定めるなど、従来の制度的欠陥を是正している。農地改革など私人の所有権に手をつける社会主義的な改革まで行っている。これは維新に続く第二の革命と呼ぶにふさわしい事件だったと言えよう。現在の日本は戦前の反省に基づく、この枠組の下で運営されてきた。しかし、この改革は占領軍が主導し、強制したものであったため、正当性が弱かった。リベラルデモクラシーの実現や経済発展・社会的平等化など、多大な成果を上げたにもかかわらず、第二革命として誇らしげに語る日本人を見つけるのは難しいのが実情である。

註

（1）HYDE3（History Database of the Global Environment 3）によると、一八五〇年の各国別推計人口は、上から順に中国が四億九百九十四万六千、インド（現在の領域とバングラデシュとパキスタンを合算）が二億七千二百十三万八千、とんでロシア（現在のウクライナ、ベラルーシ、バルト三国、モルドヴァを含むヨーロッパ部）が三千八百六十一万五千、フランスが三千六百三十九万八千、ドイツ（のちの統一後の領域）が三千三百七十四万六千、日本が三千二百万と並んでおり、人口急増中のアメリカ合衆国は二千三百四十二万四千であった（K. Klein Goldewijk and G. van Drecht, "HYDE 3.0: Current and historical population and land cover, 2006.「歴史上の推定地域人口」https://ja.wikipedia.org/wiki/ より再引用）。

（2）落合弘樹『秩禄処分』（講談社学術文庫、二〇一五年、原著、一九九九年）。

（3）三谷博「序論　日本史から普遍を求めて」（『日本のなかの「普遍」』東京大学出版会、二〇二〇年、一〇頁）。

奈倉哲三「招魂　戊辰戦争から靖国を考える」（『現代思想』二〇〇五年八月号）一〇八頁。『鹿児島市史』（第一巻、一九六九年）六六九頁。
（4）三浦信孝・福井憲彦編『フランス革命と明治維新』白水社、二〇一八年、一四頁。
（5）中国の文化大革命では、その終結後、葉剣英元帥が中共中央工作会議で大量死があったと指摘した。その数字は千万とも二千万とも伝えられる（李鋭著、小島晋治編訳『中国民主改革派の主張――中国共産党私史』岩波現代文庫、二〇一三年、一二四、二七〇頁）。
（6）より一般的には、三谷博「比較の試み　明治維新からみたフランス革命」（『日本史のなかの「普遍」』）。
（7）より広範な理論的検討としては次を参照。三谷博『明治維新を考える』（岩波現代文庫、二〇一二年、原著、二〇〇六年）、序章　明治維新の謎、第二章　革命理解の方法――「複雑系」による反省、維新史の鳥瞰。同『愛国・革命・民主』（筑摩書房、二〇一三年）第二・三講。
（8）例えば、高校の日本史教科書市場の半数以上を占めている『詳説　日本史B』山川出版社。
（9）文部省維新史料編纂事務局『維新史』（全五巻、付録一巻、一九三九－一九四一年）。以下の議論は次の要約である。三谷博「研究史の反省――維新の政治史」（『日本史のなかの「普遍」』）。
（10）以下の事実関係は、三谷博『維新史再考』（ＮＨＫ出版、二〇一七年）。
（11）高橋秀直『幕末維新の政治と天皇』（吉川弘文館、二〇〇七年）。
（12）村田氏寿あて橋本左内書簡（［安政四年十一月二十八日］『橋本景岳全集』第二巻（景岳会、一九三九年）五五〇－五五六頁。安政五年政変による体制崩壊の機制を鮮やかに捉えたものとして、参照、佐藤誠三郎『「死の跳躍」を越えて』（千倉書房、二〇〇九年、原著、一九九二年）第三章。
（13）『維新史再考』三〇九－三一六頁。
（14）『維新史』第二巻、五八二、六五一頁。
（15）『維新史』第四巻、第五巻。
（16）前掲、奈倉論文。
（17）その指針となったのは、遠山茂樹『明治維新』（岩波書店、一九五一年）。その書評として、三谷博『明治維新を考える』第五章。青山忠正『明治維新と国家形成』（吉川弘文館、二〇〇〇年）第一章。佐々木寛司「明治維新論争とマルクス主義史学」（前掲『講座　明治維新』第一二巻）。

(18) 以下は、三谷博『維新史再考』による。なお、維新の変動期間は政治的動乱のみに着目すると安政五年（一八五八年）から明治十年（一八七七年）のあしかけ二十年とみることができる。

(19) 広い意味での二重主権は、西洋中世のローマ教皇と諸君主やイスラム圏でのカリフとスルタンの関係のような広域の聖俗秩序にも見ることができる。

(20) 江戸城の控えの間として、溜間・大廊下・大広間を与えられた大名の数。

(21) 升味準之輔『日本政党史論』第二巻（東京大学出版会、一九六五年）二八頁。

(22) 浅見雅男『華族誕生――名誉と体面の政治』講談社、二〇一五年（原書、一九九四年）。

(23) 福地源一郎『幕府衰亡論』（民友社、一八九二年［復刻、東京大学出版会、一九七八年］）。

(24) 藤井哲博『長崎海軍伝習所』（中央公論社、一九九一年）。東京大学『東京大学百年史』通史一、一九八四年、第一編第一章。浅川道夫『江戸湾海防史』錦正社、二〇一〇年。

(25) 前掲『橋本景岳全集』第二巻（一九三九年）五五〇－五五六頁。

(26) 佐藤誠三郎『「死の跳躍」を超えて』千倉書房、二〇〇九年。

(27) 「国民」とは元来、その「国家」の中に住む民という意味で、近世日本では多く大名領国の住民を指した。統治の主体と客体の二重の役割を持つ存在という意味に変えたのは、福澤諭吉『学問のすゝめ』（第七編、一八七四年）である。これが一般に普及したのは、国会開設を前に徳富蘇峰が創刊した『国民之友』の発刊（一八八七年）頃と思われる。近世には「人民」がしばしば用いられたが、これは「国家」の統治対象を指す言葉であった。大日本帝国憲法は「臣民」を用いたが、日常的に用いられることはなかった。フランスの citoyen に相当する「市民」は今でもあまり使われない。これは、ドイツにおける Volk と同様、「国民」がその意味を内包・代行したからと思われる。

(28) 明治初期の諸改革については、中村哲『明治維新』（日本の歴史第一六巻、集英社、一九九二年）。

(29) 小川原正道『西南戦争』（中央公論新社、二〇〇七年）。同『西南戦争と自由民権』（慶應義塾大学出版会、二〇一五年）。

(30) 鳥海靖『日本近代史講義』（東京大学出版会、一九八八年）。

（31）幕末の政体改革の創案者だった橋本左内は蘭学者で、ペリー来航後に「西洋事情書」というノートを記し、人材選挙や学校の活用に注目した。しかし、中国の科挙については以前から知っていたはずである。『橋本景岳全集』第一巻、一五四頁。
（32）山田央子「ブルンチュリと近代日本政治思想（下）――「国民」観念の成立とその受容」（『東京都立大学法学会雑誌』第三三巻第一号、一九九二年）。この『一般国法学』は、政府側だけでなく、植木枝盛ら民権運動家にも広く読まれ、「国家」を想像する大枠を提供した。
（33）稲田雅弘『自由民権の文化史』（筑摩書房、二〇〇〇年）。
（34）松沢裕作『自由民権運動』（岩波新書、二〇一七年）。牧原憲夫『客分と国民のあいだ』（吉川弘文館、一九九八年）。
（35）升味準之輔『日本政党史論』第一巻、第二巻（東京大学出版会、一九六五、一九六六年）。坂野潤治『明治憲法体制の確立』（東京大学出版会、一九七一年）。
（36）例外はある。一八九二年の第二回総選挙に際して政府の選挙干渉で八十三名もの死者が出た（坂野潤治「藩閥と民党」、井上光貞ほか編『日本歴史大系』第四巻、六八五頁）。この反省に基づき暴力の抑制努力が始まった。今日に至るまでの日本で政治的理由で殺された日本人は千名に満たない（三谷博『愛国・革命・民主』筑摩書房、二〇一三年、二〇頁）。
（37）以下、特記しない限り次による。三谷博・並木頼寿・月脚達彦編『大人のための近現代史　一九世紀編』（東京大学出版会、二〇〇九年）。
（38）羽田正編『海から見た歴史』（東アジア海域に漕ぎだす第六巻、東京大学出版会、二〇一三年）。
（39）三谷博・李成市・桃木志朗「「周辺国」の世界像――日本・朝鮮・ベトナム」（『日本史のなかの「普遍」』所収）。この三国は、中華帝国の利用・抵抗・複製を、程度の差はあれ、共通して行った。
（40）荒野泰典・石井正敏・村井章介編『近世的世界の成熟』（日本の対外関係第六巻、吉川弘文館、二〇一〇年）。
（41）三谷博『ペリー来航』（吉川弘文館、二〇一五年）。
（42）久米邦武編修、田中彰校注『特命全権大使米欧回覧実記』全五巻（岩波書店、一九七七―八二年、原刊、一八七八年）。

(43)詳しくは、田保橋潔『近代日鮮関係史の研究』上巻(朝鮮総督府中枢院、一九四〇年)。趙景達編『近代日朝関係史』(有志舎、二〇一二年)。
(44)坂野正高『近代中国政治外交史』(東京大学出版会、一九七三年)。岡本隆司『中国の誕生』(名古屋大学出版会、二〇一七年)。
(45)山県有朋(首相)「軍事意見書」(「一八九〇年三月閣議配布」大山梓編『山県有朋意見書』原書房、一九六六年)一三七-一八五頁。
(46)大谷正『日清戦争』(中央公論新社、二〇一四年)。
(47)山田欣悟、成瀬治、木村靖二編『ドイツ史』第二巻(山川出版社、一九九六年)。
(48)深尾京司、中村尚史、中林真幸編『岩波講座　日本経済の歴史』第二巻(近世、岩波書店、二〇一七年)三二頁。
(49)岸本美緒・宮島博史『明清と李朝の時代』(世界の歴史第一二巻、中央公論社、一九九八年)。宮崎市定『科挙』(中央公論社、一九六三年)。島田虔次『中国の伝統思想』(みすず書房、二〇〇一年)。
(50)三谷博「安定と激変――複雑系をヒントに変化を考える」(『日本史のなかの「普遍」』)。
(51)近藤和彦『イギリス史10講』(岩波書店、二〇一三年)。
(52)大石真『日本憲法史〔第二版〕』(有斐閣、二〇〇五年)。
(53)トク・ベルツ編『ベルツの日記』上巻(岩波書店、一九七九年)二〇四頁(一九〇〇年五月九日)。
(54)小倉慈司・山口輝臣『天皇と宗教』(天皇の歴史第九巻、講談社、二〇一一年)。
(55)三谷博『ペリー来航』(吉川弘文館、二〇一五年)。
(56)註3。なお、この事実の指摘は日本人の平和愛好性を主張するものではない。日本人は二十世紀の前半におそらく一千万以上の外国人を殺している。ナショナリズムの特徴である暴力行使の内外差別を最も顕著に体現したと言って良い。三谷博『愛国・革命・民主』(筑摩書房、二〇一三年)。
(57)フランス革命期とナポレオン時代を分断し、後者を除外することは対外戦争という観点からは意味がない。ナポレオンがいかに革命の理念を裏切ったとしても、彼とその対外侵略は革命なくしてはあり得ず、対外戦争も動員体制も革命期から連続した現象であった。ジェフリー・エリス『ナポレオン帝国』(岩波書店、二〇〇八年)。

（58）早川理穂「パリの民衆運動と暴力」（前掲『フランス革命史の現在』）。

（59）三谷博「比較の試み　明治維新からみたフランス革命」。なお、フランス革命政府は最初の年にカトリック教会の財産を没収し、競売に付した（山﨑耕一『フランス革命――共和国の誕生』刀水書房、二〇一八年、九三―九八頁）。これは、維新で革命の終盤に武士の世禄を剝奪したのと著しい対照をなしている。

（60）このような心性は過去・現在を貫いている。一九八八年の信者数調査によると、神道系は五十一％、仏教系は四十三％、キリスト教系は一％弱、諸教は五％だったが、その総計は総人口の約二倍に上った。末木文美士『日本仏教史』（新潮文庫、一九九六年）二七二頁。

（61）前掲、小倉慈司・山口輝臣『天皇と宗教』。

（62）三谷博「維新における「公議」と暴力――双生児としての誕生から訣別まで」、日本大学史学会『史叢』二〇一九年。

攘夷論はなぜ開国策に変わったのか

もしこの問題に適切に答えられるなら、明治維新の理解は格段に進むに違いない。長州に見られるように、幕末の攘夷論者が明治には最も積極的な開国推進者になった。この論理的に矛盾し、かつ倫理的にも訝しい行動こそ、維新史の大きな特徴の一つだったからである。

「攘夷」論の内実

「攘夷」論とは何か。例えば、小学館の『日本国語大辞典』には、次の説明がある。

江戸末期、外国との通商に反対し、外国を撃退することを主張した排外思想。儒学の中華思想に由来し、特に藤田東湖、会沢安らの後期水戸学はその典型。幕府の開国策に対して、尊王論と結びつき江戸幕府崩壊のもととなった。

幕末の諸史料をもとにこれを定義し直すと、次のように説明できるだろう。

西洋人を「夷狄」と見なして、その交際や貿易の要求を拒み、武力に訴えてでも追い払えという主張。

「攘夷」という主張には、西洋嫌い、つまり文化・人種偏見がある。また、オランダを例外に、新規に渡来した西洋国家との交際を拒もうという主張だから、一見、「鎖国」を固守せよという意見に見える。しかし、水戸に始まって長州に引き継がれたその主流は、文化・人種偏見はともかく、「鎖国」を守れと主張したわけではない。会沢の『新論』(一八二五年)によると、それは、西洋との紛争・戦争をわざと引き起こし、そこに生ずる緊張感によって日本人の中に危機への自覚や改革への決意を生み出そうという提言であった。対外政策である以上に、国内改革を起動するための術策として提唱されたのである。

幕末攘夷論には様々のタイプがあった。一方には、大橋訥庵のように、日本のイデオロギー的・道徳的純粋さを守ろうという観点から、「夷狄」による文化侵略の排斥を主張するものがあった。このような「鎖国」を守れという主張が人々からかなりの共感を得たことは事実である。しかし、後期水戸学の影響を受けつつ、幕末の政治運動を主導したリーダーたちは、「鎖国」にこだわってはいなかった。

長州が「破約攘夷」、つまり修好通商条約を破棄し、全国を西洋との戦争に駆り立てよとの藩是を立てたころ、藩政の中心にあった周布政之助は「攘ふは排するなり。排するは開くなり。

攘夷して後、国開くべし」と揮毫している。「攘ふは拒むこととなり」だったら「鎖国」を守ることになるが、「排する」＝「開く」というレトリックを用いて、その逆を主張したのである。事実、彼は文久三（一八六三）年、関門海峡で西洋船を砲撃する直前に、イギリス商館の手を借りて、井上馨や伊藤博文たちをイギリスに留学させている。長州の指導者は当時、攘夷戦争後の開国を予定していたのである。

水戸の「尊王攘夷」論

なぜ、そうなったのだろうか。まず、彼らが影響を受けた水戸の尊王攘夷論を見ておこう。「尊王攘夷」とは、水戸の藤田東湖が、主君徳川斉昭とともに著した『弘道館記』に記され、水戸学とともに全国に流布した言葉である。その内容は会沢安（正志斎）の『新論』に体系的に論じられている。会沢は、近い将来予想される西洋諸国、とりわけロシアによる侵略を防ぐため、海防（海岸防備の略）をはじめとする軍備や行政改革を論じたが、最も力を注いだのは、抜本的な国内改革を始動するため「民志」を動員する方法であった。天皇を人心結集の核として強調し、その即位儀礼の一部である大嘗祭をその機会に使うこと、そして日本人に国際危機を実感させるため、異国船打払令を攘夷令と読み替えて海岸に近づく西洋船を故意に挑発し、日本を攻撃させて列島の住民すべてを「必死の地」、つまり戦場に落とし込むべきことを述べている。前半が「尊王」、後半が「攘夷」にあたるわけである。

『新論』の「攘夷」は「鎖国」維持を狙うものではなかった。「鎖国」とは、十九世紀の初め頃から使われ始めた言葉で、近世初期の出入国禁制が主に日本人に向けられたのに対し、西洋人の入国を問題とし、できるだけ制限する政策を指していた。会沢は、日本を取り巻く海は、元寇の時と異って、天然の要害ではなくなった、航海術に長けた西洋諸国は海岸のどこからでも攻め込める、いま鎖国を続けるのは「籠城」に等しく、きわめて危険だと述べている。「籠城」が有効なのは、複数の国々があって、ある国が攻めてきたとき、別の国が救援に訪れるときだけである。当時の日本は清朝と国交がなく、国交のある朝鮮とは疎遠で、ちょうど通信使の応接地を江戸から国境の対馬に変えたばかりであった。西洋との紛争に隣国が救援に訪れる可能性は全くなかったのである。したがって、会沢は、攘夷を唱えつつ、近くは清朝、遠くはオスマン帝国と提携することを示唆している。いずれもロシアと国境を接し、緊張を抱えてきた国々である。攘夷論の元祖が「開国」の必要を考えていたとは不思議だが、『新論』は確かにそう書いている。

このような認識の背景には、十八世紀末からロシアとの接触が始まり、対外政策が隣国より西洋を意識しつつ再編成され、様々な対外論が著されたという事情があった。この辺りは拙著『ペリー来航』(吉川弘文館、二〇〇三年)など諸著に記されているので、省略する。ただ、その中には、日本人の海外渡航を主張したものもあった。例えば、公儀の儒官古賀侗庵が隣国でアヘン戦争が起きた前後に著した『海防臆測』である。西洋による世界制覇を防ぐには海外の事情を直接に観察し、大洋の航海に日本人の身をさらし、太平になまった心身を鍛え直すことが必要だというのである。水戸の尊攘論もこのような主張を念頭に置いていた。藤田東湖の『常陸帯』によると、斉昭は制限的交易論を臆病者の事なかれ主義と切り捨てる一方、航海進出論は望ましいが今は不可能と述べ、まず攘夷を志すべしと主張したという。ペリー到来の前後、攘夷論の頭目として世の注目を集めた彼は、その十年近く前から開国をあり得べき選択肢の一つとして考えていたのである。和親条約の直前、斉昭は、日本の港で西洋人と貿易する「居交《い》易」は断固拒否し、代わりに日本人が海外に出かけて「出《で》交易」すべしと述べた。貿易の可否より日本人の武勇を世界に知らしめる方がずっと重要だったのである。

公儀の対外政策

では、公儀の対外政策はどのように変化しただろうか。アヘン戦争と天保改革の挫折後に公儀を主導した阿部正弘は、当初、鎖国の維持を至上課題とした。まずオランダ国王による開国勧告を退けた後、弘化三（一八四六）年には幕閣でアヘン戦争当時に撤回していた異国船打払令を再公布しようと提案している。いずれも世界に日本が開国する意志がないことを周知するためであった。彼は対外政策を鎖国・海防・避戦という三つの次元を組み合わせて考えた。異国船と紛争を開かぬように注意しつつ、鎖国の維持には海防が必須と考えて、江戸湾口の防備強化と海軍の創設を提案したのである。これに対し、海防掛の役人たちは、海防には増税が不可避であり、そうすると対外紛争より先に国内で一揆・争乱が頻発するとして反対した。その一方、江戸海門で異国船応接に当たる浦賀奉行、浅野長祥や戸田氏栄・井戸弘道らは、海防の費用を貿易に求むべしと主張した。対外政策の基本を開国に転換せよと述べたのである。

このように、ペリー到来前の公儀の内部では対外政策が三分されていた。定見がないように見えるが、どのような対策もとれる柔軟性を備えていたとも言える。ペリーが来る前年、オランダの通報により、在清アメリカ艦隊の規模は江戸海門の防備能力を上回っていることが判明した。しかし、たまたま江戸城西の丸が炎上し、再建工事を始めたばかりだったので、海防を強化する資金はなかった。阿部正弘は打払令の再公布を断念し、海防強化の準備をしつつ、ペリー艦隊への対応はその態度を見て決めることにしたようである。

日米和親条約はアメリカ船に二港を開いたが、国交と貿易は取り決めなかった。同年締結の日露条約と翌年の日英協約も同様である。後者と同じ年に結ばれた日蘭条約は従来の長崎貿易を成文化したもので、他の開港条約とは区別されていた。しかし、これらの条約はいずれも西洋の圧力をかわし、戦争を回避するため、一時的に部分的な開国を定めたものであった。しかし、阿部正弘はこの間に開国を不可避と考えるようになった。政策の基本を外国貿易による富国強兵に百八十度転換し、開国論者の堀田正睦に外交を任せることにしたのである。堀田は安政四（一八五七）年春、漸進的に開国に向かう方針を打ち出し、まずオランダ・ロシアとの条約を改定して通商の開始を取り決め、さらにアメリカのハリスとの間に国交も含む、より開放的な修好通商条約を結んだ。これは蘭・露二国に均霑されただけでなく、新来の英・仏との条約のモデルにもなった。ただし、直後に起きた安政五年政変のため、その後は僅かを除いて新条約の締結は抑制され、その体制が慶応二（一八六六）年の条約勅許まで維持された。

世論の振動

ところで、同じ時期に大名や武士たちの世論はどう推移しただろうか。詳しくは『大人のための近現代史　一九世紀編』（東京大学出版会、二〇〇九年）第一二章をご覧いただきたいが、ペリーから安政五年政変まではおおむね公儀の政策を支持し、少しずつ開国容認へ動きながら、政変後は条約否認・攘夷支持に反転し、その後再び開国論に転換した。その際、最も劇的に藩論を変えたのは長州藩だが、破約攘夷論への転換の中心人物、久坂玄瑞は旧師吉田松陰と同じく、攘夷即行論を大規模な国内改革の起爆剤に使おうとした。一方、攘夷論者の開国論への転換の論理は土佐牢人中岡慎太郎の言説によく現れている。いま長州と薩摩は藩内改革に邁進している、この両者を結びつけるなら日本は大改革ができるだろう、こうして国内改革の見通しが立った以上、もはや攘夷戦争は必要がないというのである。日本再興の希望が見え始めた時、攘夷は振り捨てられたのであった。

開国前後の政策の動きは図3－1のようにまとめうる。ここでは、開―鎖のヨコ軸に加えて、国内改革を断行するか否かのタテ軸も重要で、むしろ後者の方が大事であった。尊攘論も積極

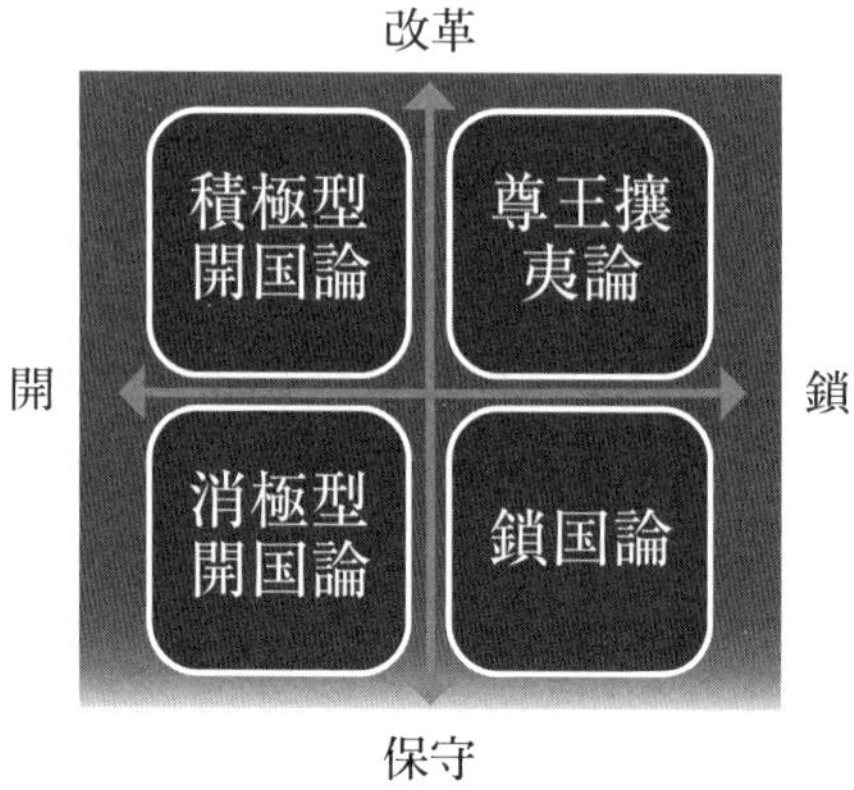

図3－1

型の開国論も少数派に属したが、国内改革の必要を強調する点では同じだった。開鎖の軸の上では、吉田松陰のように揺れ動いたり、伊藤博文のように攘夷論から開国論に転ずることがしばしば見られたが、改革の是非の軸上で彼らの意見がぶれることはなかった。改革をめざす少数のラディカルは政争を続ける中で改革＋開国論の象限に結集してゆき、維新を主導した。これに対し、世の多数派は当初、開国も改革もしたくないという象限にいたが、対外戦争の回避のため、まず制限的な開国論に移行し、王政復古の後はついに国内改革までを受け入れるようになったのである。

白水 図書案内

No.895／2020-3月　令和2年3月1日発行

白水社 101-0052 東京都千代田区神田小川町 3-24／振替 00190-5-33228／tel. 03-3291-7811
www.hakusuisha.co.jp/●表示価格は本体価格です。別途に消費税が加算されます。

ピュリツァー賞作家が明かす

ノンフィクションの技法

ジョン・マクフィー

栗原 泉訳　四六判■2200円

執筆にあたっての技術的なノウハウや考え方から米国出版業界の舞台裏に至るまで、当代随一の書き手がノンフィクションの極意を伝授。

上課記　中国離島大学の人生講義

王小妮

ふるまいよしこ訳　四六判■2300円

経済的繁栄がかつてない格差を生み出す中国。それでも懸命に生きる若者にどう寄り添えばいいのか。教師と学生の感動の記録。

メールマガジン『月刊白水社』配信中

登録手続きは小社ホームページ www.hakusuisha.co.jp/ の登録フォームでお願いします。

新刊情報やトピックスから、著者・編集者の言葉、さまざまな読み物まで、白水社の本に興味をお持ちの方には必ず役立つ楽しい情報をお届けします。（「まぐまぐ」の配信システムを使った無料のメールマガジンです。）

こちら、苦手レスキューQQQ！

小島ケイタニーラブ［文］木下ようすけ［絵］

二人のコンビニ店員とネズミが、あらゆる苦手をレスキューします！ 物語に42曲の歌がついた、ちょっと心が軽くなるピクチャーブック。

（3月中旬刊）A5変型■1700円

茶の世界史（新装版）

——中国の霊薬から世界の飲み物へ

ビアトリス・ホーネガー［平田紀之訳］

その一杯を味わいながら繙きたい——ポスト・コロニアルな問題意識とお茶への愛とに裏打ちされた豊穣な東西文化史。

（3月下旬刊）四六判■3200円

文庫クセジュ1034

100語でわかる遺伝学

ドミニク・ストッパ＝リヨネ、スタニスラス・リヨネ［田中智弘訳］

急速に進歩する遺伝学。その基本的な用語から近年の研究まで、冷静かつ理性的に理解するために。

新刊

日本史からの問い

——比較革命史への道

三谷 博

「歴史家」はいかに生まれるのか。一九六八年駒場から歴史認識論争を経て、比較革命史へと至る維新史家の遍歴を辿る。

（3月中旬刊）四六判■2500円

エクス・リブリス

よそ者たちの愛

テレツィア・モーラ［鈴木仁子訳］

この世界になじめずに都市の片隅で不器用に生きる人びと。どこにでも、誰のなかにも存在する〈よそ者〉たちの様々な思いを描く短篇集。

（3月下旬刊）四六判■2900円

アウステルリッツ（新装版）

W・G・ゼーバルト［鈴木仁子訳］

建築史家のアウステルリッツは、帝国主義の遺物の駅舎、要塞、病院、監獄を巡り、〈私〉に暴力と権力の歴史を語る。

とりでも学べるフランス語

子

ら、ひととおりの初級文法までをやさしく丁寧に説明。独習でも、「わ
！」という実感を最後まで持続できます。

プリ》　（3 月中旬刊）A5判■2100円

ーエクスプレスプラス　タミル語

南部やスリランカなど、南アジアの広域で用いられる重要な言語。
音楽、舞踊など現地のディープな文化にアクセスしよう。

音声アプリ》　（3 月中旬刊）A5判■3300円

ーエクスプレスプラス　アイルランド語

パの中でギリシア、ラテンに次いで古くからの記録や文学が残る
ンド語。ケルトの伝説や文化に触れてみませんか。

音声アプリ》　（3 月中旬刊）A5判■3400円

エクスプレスプラス　フィリピノ語

之

に浮かぶ七千以上の島々と多彩な文化を有する熱帯の国フィリピ
のフィリピノ語は日本人にも発音しやすい言語です。

声アプリ》　A5判■3000円

ポルトガル語文法総まとめ

パウロ・フェイトール・ピント、レアンドロ・アルベス・ディニス

語の文法をコンパクトにまとめました。豊富な用例は、ポルト
ジル、どちらのポルトガル語にも対応しています。

B6判■2200円

ス語・フランス語圏文化をお伝えする唯一の総合月刊誌

らんす

号（3／23頃刊）
（本体952円＋税）
無料ダウンロード

4 月号の特集は「仏政府公認フランス語資格 DELF A1 に挑戦!」。関心が高まる能力試験の傾向と対策をとことん解説。もちろん連載も充実。歴史、社会、法律から芸術、鉄道、フランス語学習にいたる多彩な連載をお楽しみください。新連載多数。フランスとフランス語圏から世界が見える。

トマス・ジェファソン

——権力の技法（上・下）

ジョン・ミーチャム　森本奈理訳

アメリカ独立宣言を起草し、第三代大統領として民主主義の原理を作り、「建国の父」と称されるジェファソンの本格的な伝記。図版多数。

（㊤既刊　㊦ 3 月上旬刊）四六判■各4800円

寺山修司の一九六〇年代

——不可分の精神

堀江秀史

さまざまな表現活動で多くの人に影響を与えた寺山修司。彼の対話という行動原理が明確に表われる 1960 年代を軸に論じる。全著作一覧付。

A5判■6800円

ドナルド・キーン わたしの日本語修行（新装版）

ドナルド・キーン／河路由佳

生涯を決定づけた米海軍日本語学校への入学。当時の思い出が詰まった教科書を前に、学習者、研究者、教育者として、日本語とともに歩んだ人生を語る。

四六判■1800円

無の国の門

——引き裂かれた祖国シリアへの旅

サマル・ヤズベク　柳谷あゆみ訳

祖国を逃れた作家が一時帰還し、反体制派の人々の苦悩と挫折に耳を傾ける。記録する行為を通じて内戦という過酷な現実と向き合う労作。

（3 月上旬刊）四六判■3200円

影響力をもつ学問の一つで……体系と受容の歴史を概説。

新書判■１２００円

ハルマゲドン 人類と核（上・下）

ロドリク・ブレースウェート［平賀秀明訳］

広島・長崎から、冷戦、軍事、兵器開発、諜報、地政学、原発まで、「核」をめぐるあらゆる論点を、英国の元外交官・現代史家が詳述する。

四六判■各４０００円

六四と一九八九

習近平帝国とどう向き合うのか

石井知章・及川淳子［編］

アンドリュー・ネイサン、胡平、王丹、張博樹、李偉東、矢吹晋ら世界的権威が新資料を駆使して描く「紅い」帝国の起源とこれから。

四六判■２４００円

古代ローマ名将列伝

エイドリアン・ゴールズワーシー［阪本 浩訳］

戦争はいかにローマ史に影響を与え、ローマ国家の変化はいかに戦争を変えたか。15人の名将とその象徴的な戦いから描いたローマ史概説。

四六判■５２００円

ラストカムイ 砂澤ビッキの木彫

芦原 伸

没後30年、大地の神々に自身の精魂を同化させたアイヌ彫刻家の生涯と作品を、気鋭の旅行作家が再評価の機運を前に畏敬の念を込めて描く。

四六判■２８００円

キレイ 神様と待ち合わせした女［２０１９／２０２０］

松尾スズキ

三つの民族が百年の長きにわたり紛争を続けている「もうひとつの日本」。ひとりの少女が、七歳のときから十年間、誘拐犯の人質になった――。

四六判■２２００円

好評既刊

ベスト・オブ・イヨネスコ

授業／犀（新装版）

ウージェーヌ・イヨネスコ［安堂信也・木村光一他訳］

ベケットとともに不条理演劇の双璧をなすイヨネスコの、コミカルでグロテスクな名作集。表題作のほか、『禿の女歌手』『椅子』『アルマ即興』『歩行訓練』を収める。

四六判■３６００円

古代スラヴ語の世界史

服部文昭

スラヴ人はどこから来てどのように自分たちの文字を獲得したのか。そしてスラヴ人の言語は歴史と共にどのように変化したのだろうか。

四六判■２６００円

白水Uブックス２２８

旅に出る時ほほえみを

ナターリヤ・ソコローワ［草鹿外吉訳］

地下探査の金属製怪獣17Pを発明した科学者に、独裁体制を確立し科学アカデミーを掌握した国家総統が与えた運命とは？　現代の寓話。

新書判■１８００円

白水Uブックス２２７

サンアントニオの青い月

サンドラ・シスネロス［くぼたのぞみ訳］

希望と挫折が交差するメキシコとの国境の町で、ひたむきに生きながら、力強く立ち上がる女たちの圧倒的な声の集積。解説：金原瑞人

新書判■１９００円

俺の歯の話

バレリア・ルイセリ［松本健二訳］

世界一の競売人の「俺」がオークションにかけたものとは？　読者を煙に巻き、思わぬ結末へと導く、メキシコ出身の新鋭による異色作。

四六変型■２８００円

十九世紀グローバル化への対応——中・日・韓三国の分岐

はじめに

いまの若い世代は、かつて日本がその発展を世界から驚異の眼ざしで注目され、かつ近隣の中国や韓国・朝鮮が発展の見込みがない社会と見られていた時代があったことを想像できるだろうか。現在の東アジアは、日本のみならず中国・韓国も著しい経済発展を遂げ、なかでも中国はアメリカに肩を並べ、追い越すことを夢見ているようである。しかしながら、およそ一九九〇年以前にはこうした東アジア全体の発展を予想した人は少なかった。東アジアは一般に停滞の中に呻吟し、その中で日本は燦然たる例外をなすと見られていたのである。それは、二十世紀後半の急速な経済発展と政治的民主化の時代に限らない。二十世紀前半の日本は戦後に比べて著しく貧しい社会であったが、軍事的にはアジア太平洋地域で突出した存在であり、それを背景に近隣の台湾、朝鮮、遼東半島、樺太、北太平洋の諸島を支配していた。二十世紀の日本は、戦前と戦後でその主な活動分野は異なったものの、東アジアのヘゲモンとして近隣の住民が絶えず注目せざるを得ない存在だったのである。

今となっては想像が難しい、このような日本と隣国の関係はどうして生じたのだろうか。それは十九世紀半ばに世界と東アジアを席捲した西洋によるグローバル化の第二波に対し、東アジアの三国が異なる対応をとったことから始まった。簡単にいえば、日本が一八六〇年代に大規模な政体変革を行い、一八九〇年に立憲王政を開始した頃には経済面でも順調な発展軌道に乗っていたのに対し、隣国の清朝と朝鮮の政治改革は一八九四—九五年の日清戦争後にようやく始まったという時差がものを言ったのである。抜本的改革の始期が約三十五年ずれたことが、一方をリーダーないし支配者、他方をフォロワーないし被支配者とし、日本と近隣の間に対照的な近代史をもたらした。この非対称の関係の記憶が今なお東アジアに残存し、緊張をもたらし続けているのは周知のとおりである。

初期条件——「近世」の東アジア

西洋の商業的・軍事的ネットワークが波及する以前、東アジアにはヨーロッパと異なるタイプの文明を持つ「近世」国家があった。漢字と儒教と大乗仏教という文明の基礎を共有し、国境を厳格に管理する国家が存在し、その各王朝は長い安定を享受していたのである。とはいえ、中国・朝鮮と日本との間には少なからぬ差異があった。中国と朝鮮が政体の基本に科挙を置いていたのに対し、日本は武士の世襲身分制をとっていた。前者の場合、男子は試験成績次第で誰でも皇帝・国王直属の官になれた。男子に限ってであるが、人類史に稀な政治的平等があったのである。とはいえ、これは機会の平等であって、科挙を経た士大夫と庶民との間には厳然たる身分差別が存在した。朝鮮の場合には科挙合格者を出した一族が世襲身分化する傾向も生じた。これに対し、日本は軍事貴族が支配する国家であり、政治的な機会の平等はなかった。とはいえ、二百年余の平和の中で統治身分は武人としての記憶は保持しながら、文官としての業務に精通するようになった。十八世紀半ば以降は漢学が普及し、武士の教養は中国・朝鮮に接近していった。同時に、日本と中国・朝鮮との差異を強調する国学、およびオランダ語を通じて西洋学を学ぶ蘭学も普及した。中国・朝鮮の政体が科挙と儒教を核とする整合的なものだったのに対し、十九世紀の日本には各種の不整合が生じていて、それが後の根本変革の基礎条件を提供することとなった。

経済面では三国それぞれが異なっていた。中国では租税システムが巨大な領域の全体を薄くカバーする一方、民間経済の領域は広く、長江の中下流域には世界で最も活発な市場経済の一つがあった。また、中国南部の経済は東南アジアの通商ネットワークともつながっており、国家の禁制を押して多数の移民が流出していった。これに対し、日本の経済は基本的に外部に対して閉じており、移民の出入りが皆無だったのは無論、通商も規模としては小さかった。ただし、書物を通じた情報の輸入は盛んで、これが国内での技術開発や世界情勢の把握を可能とした。国内市場は当初は大名領国内と領国─三都（江戸・大坂・京都）を結ぶものとの二本立てであったが、十九世紀に入った頃には領国相互をつなぐ市場も発達し、全国的な市場ネットワークが形成されていて、その活動規模は長江中下流域のそれに匹敵する水準に達していた。一方、朝鮮では推計された貨幣流通量の少なさが示すように市場は未発達であり、首都の経済は実物の貢納に依存するところが大きかった。隣国との通商は朝貢やそれに類する管理貿易の形で行われた。

十九世紀には三国いずれでも民乱が多数発生した。政体への影響が最も小さかったのは日本で、多発した百姓一揆や都市の民衆騒擾は政府への挑戦には発展しなかった。逆に中国では、十九世紀前半に太平天国・捻軍などの大規模な民衆反乱が続発し、太平天国は南京を首都として中国の南半分を約十年間支配した。清朝はこれを鎮圧するために地方での軍隊組織を許したが、それは地方社会の軍事化と分権化を促す結果となった。朝鮮でも民乱の多発や新興宗教の興隆が見られた。日清戦争のきっかけとなった東学の乱はその最大のものである。いずれの国でもはげ山が多く見られたが、乱開発の度合は中・韓・日の順に激しく、それは王朝による統治の緩みに比例する現象だったように見える。

グローバル化と中国・日本

東アジアの三国のうち、最も古くから西洋との深い関係を持ったのは中国で、日本がこれに次ぎ、朝鮮は最後となった。イエズス会の宣教師が東アジアに到来したのは十六世紀のことだったが、中国が政治・経済関係を持った最初の西洋国家はロシアだった。ロシアの毛皮猟師の東方進出を背景に十七世紀には小規模な軍事衝突が発生したが、ネルチンスク条約、ついでキャフタ条約によって両国の関係は安定を見、国境で小規模な茶貿易が営まれた。西洋との経済関係が深まったのは十八世紀で、イギリス人による茶貿易がそれを主導した。乾隆帝は北京北郊の円明園に西洋式の壮麗な建築群を建てたが、それはおよそ日本や朝鮮では考えられないことであった。イギリスは当初、茶輸入の決済に銀を支払ったが、それがかさむと代替品としてインド産のアヘンを持ち込むようになった。十九世紀になると、中国によるアヘン輸入が増大し、中国側はその代金として茶だけでなく、銀も逆に輸出するようになった。中国の租税は銀で支払われたため、銀の流通量が減少し、そのもたらした銀高は民間に増税と同様の効果を招いた。アヘン戦争のきっかけとなったアヘン輸入の厳禁は、中国人の健康の問題だけでなく、経済面の不都合も考慮して行われたものといわれる。

アヘン戦争（一八三九—四二年）は、歴史始って以来、四囲に中心として君臨してきた帝国が地球の裏側にある国に屈服させられた、近代のグローバル化を象徴する事件であった。清朝はイギリス以外の西洋諸国とも西洋式の条約を結び、その結果、従来の開港地広州を含む五港を開港した。従来の中国は、外国との関係を朝貢、冊封、互市の三関係を用いて組織し、朝鮮・琉球など近接する諸国は朝貢と冊封の関係に置き、タイなどやや遠い国は朝貢のみで済ませ、これを礼部で管理してきた。日本や西洋諸国は互市の関係で扱ってきたが、アヘン戦争後の西洋との条約ではこれを拡張し、新たに総理衙門を設けてその調整に当った。

開港された五港のうち、まもなく上海が東アジアの交易ネットワークの結節点となった。上海は長江下流域の経済中心地に位置しただけでなく、太平天国の難民の流入とともに人口を急増させ、経済と軍事の拠点として発展した。幕末日本の軍艦はたびたび蒸気機関や船底を損傷したが、その都度、上海に出かけてアメリカ人の工場で修理している。幕府が一八六五年に建設を始めた日本最初の大工場、横須賀製鉄所はそうした手間を省くために設けられたものであった。清朝もまた同じ年に上海租界の工場を買収して江南機器製造総局を設け、さらに南部の福州にも船政局と海軍学校を開いている。西洋技術の導入と産業への応用は日中でほぼ同時に始まったのである。

戦争に貿易と技術移転が続いたが、それだけではない。西洋諸国は北太平洋西岸に生まれた経済機会を増進するため、最新のテクノロジーに基づく交通通信インフラを建設した。蒸気船の定期航路、次いで国際電信線がその根幹となった。元来イギリスとイベリア半島を結ぶ郵船会社だったP&Oは、一八四〇年代にインド・オーストラリア・中国に航路を伸ばした。当時の収益源は政府との郵便契約だったが、P&Oのボンベイ―中国航路はアヘン貿易でも潤った。一八六三年には上海―横浜の定期航路も開設している。サイゴンに拠点を築いたばかりのフランス郵船も翌々年これに追随し、蚕種の欧州への輸出を図った。これより先、一八五三年に日本を訪れた米国使節ペリーの主目的は北太平洋に米国西岸から上海への航路を開くことにあったが、これが横浜経由で実現したのは一八六七年のことであった。しかし一八六九年にスエズ運河が開鑿されたため、欧米と中国の主たる航路は依然インド洋経由であり続けた。ただし、北太平洋航路は、北米に大陸横断鉄道の敷設が始まって、中国の苦力《クーリー》への大量の需要が発生したため定着をみた。世界最初のSF作家ジュール・ヴェルヌの『八十日間世界一周』(一八七二年)は当時生じていた全地球交通網の生成のさまを生き生きと描き出している。

こうした交通インフラの整備は、港湾や灯台、関税や倉庫などをめぐる万国共通の規則の制定を促した。イギリスはこの点で強いリーダーシップを発揮している。同時に、海上交通の頻繁化は感染症の波及速度を上げ、地球大の流行を生み出した。コレラやマラリアなどの蔓延と防疫対策は、当時の東アジア史の重要な一面であった。

他方、スエズ運河の開通とほぼ同時に国際電信網が東アジアに敷設された。北大西洋にイギリスと北米を結ぶ海底電信線が開通したのは一八六六年であったが、その直後に二つの電信線が中国を目指して延びていった。一つはデンマークの大北電信会社のもので、シベリアの陸路をとってヴラジヴォストークに達し、もう一つはイギリスの会社が南回りで築いたもので、主に海底をインドに向かい、さらに香港に到達した。両者は一八七二年に長崎で結合されている。中国と日本では、最新の西洋テクノロジーが導入された結果、大陸の反対側とだけでなく、国内でも瞬時の遠距離通信が可能となり、それは国内でも同様の恩恵をもたらした。

さて、グローバル化への包摂過程で、清朝は国内秩序への影響を最小限に抑える方針を取った。例えば、開港地に設けられた租界である。租界は来住した外国人が委員会を作り、一切の秩序維持に当たったため、主権侵害の最たるものと見なされてきた。しかし、清朝の狙いは内地での国権保持にあり、そのために伝統的な法制や習俗の西洋化を極力回避しようとした。租界での全権委任は西洋の影響を最小限に抑えるための些細な譲歩であり、伝統的な外国人懐柔策の延長と見なしたのである。当初、外国人の国内旅行を厳しく制限しようとしたのもこのためであった。しかし、租界であろうと内地であろうと、内外人が接触するときには必ず紛争が発生する。その処理には西洋側の要求どおり領事裁判権が充てられた。領事裁判権はしばしば西洋が非西洋と結んだ諸条約の不平等性の代表と理解されている。しかし、これは、内外人の係争において、訴えられた側の国が裁判を管轄し、その法律を適用するという原則に基づく制度であった。中国の場合、外国人が訴えられた場合はその国の領事が裁判するが、中国人が訴えられた場合は中国の裁判所が裁判することになる。内外人のいずれが事件を引き起こすことが多いか否かで有利不利が決まったのである。中国人が被告になった場合にこれを守るには有利な制度であって、事実、清朝は朝鮮や南米の国々と条約を結んだ際には進んで領事裁判権を盛り込んでいる。

日本は逆の方針を採った。幕末には日本人が外国人を殺傷する事件が多発したので、むしろ有利な立場に立っていたのであるが、明治政府は成立直後に領事裁判権を日本領での主権侵害と見なすようになり、条約改正を最大の課題の一つとして掲げた。そのための条件は国内法を西洋式に変革することであり、これは清朝が最も嫌忌したことであった。中国と日本は、国内を西洋化するか否かで正反対の態度を取ったのである。中国が外国との諸条約を不平等としてその改正を提起したのは辛亥革命の後であった。ナショナリズムの興隆とともに中国は日本に生まれた不平等言説を受け入れ、さらに拡大して、領土の割譲を含む国権の毀損をすべて「不平等」と呼んで、国権の回収をめざすこととしたのである。

日本の変革と中国・朝鮮

明治維新は十九世紀後半の東アジアで起きた最大の政治的事件であった。この変革によって日本は西洋を参照しながら絶えず自己改革を続ける体制に変わったが、その影響は近隣との国際関係にも及んで、東アジアの国際秩序を大きく変えていくことになった。

明治維新は一面で、日本を中国・朝鮮に近い国に変えた。二人いた君主を一人に絞り、二百数十の小国家からなる連邦国家を単一の中央集権国家とした上、支配身分の世襲を廃止して約四百家余の皇族・華族を除くすべての国民に同一の地位を与えた。男女の間に明確な地位の差を残したのも中国・朝鮮と同様であった。しかしながら、明治維新は隣国とは異なる境位に日本を導いていった。住民すべてに対する学校教育の普及、銀行や株式会社等の経済制度の画一的導入など、国内リソースを同時代西洋をモデルとしながら総動員しようとし、これを十九世紀末までにはかなり実現したのである。

幕末維新期の日本は、国際関係もまた西洋をモデルとして再組織した。近世において日本は中国と国交を持たなかったが、十九世紀の前半には国交のあった朝鮮とも関係が疎遠になった。通信使の応接地を首都から国境地帯の対馬に変えた上、その迎接は一八一二年が最後となったのである。これに対し、幕末以降の日本がもっぱら注意したのは西洋諸国との関係であった。十九世紀初頭に北辺でロシアとの小紛争を経験した後、国内では西洋による世界大の勢力伸長を予想して、対処のシナリオが複数描かれていた。西洋への「鎖国」を意識的に追求しようとする鎖国維持論、西洋との紛争回避のため制限的な通商を開く消極型開国論、日本から交易船を海外に派遣する積極型開国論、抜本的な国内改革を始動するため故意に西洋との戦争を引き起こそうとする尊王攘夷論である。隣国でのアヘン戦争はあらためて対西洋策への関心を呼び起こすことになったが、ペリー到来時の幕府は、まず消極型の開国策によって和親条約を結び、ついで積極型の開国論に立って修好通商条約を結んだ。日本の開国は大戦争ぬきで円滑に進んだ点で中国・朝鮮と大きく相違したが、その背景には十八世紀末以来七十年近くに及ぶ対西洋外交のシミュレーションがあったのである。

修好通商条約の締結直前、将軍継嗣擁立運動の中心にあった福井藩士の橋本左内は、ありうべき対外政策を次のように論じている。日本が単独で西洋国家群と立ち向かうには、朝鮮や沿海州まで領土を拡張せねばならない。これは不可能であるから、現実には西洋諸国の世界制覇競争で勝ちを収めそうな強国と同盟し、他の西洋国家から身の安全を図らねばならない。その候補にはロシアとイギリスがあるが、直近の経験上ロシアの方が信頼できる。実際には、幕末の日本はロシア軍艦による対馬の一部の占領を経験した後、これを追い払ったイギリスと提携関係を深めることになった。他方、修好通商条約後の日本国内では、安政五年政変（一八五八年）により深刻な政治的対立が発生し、尊王攘夷論が一世を風靡することになった。ただし、水戸から長州に伝わった尊王攘夷論は「鎖国」を維持しようとするものでなく、国内の抜本改革を起動するために一旦は西洋と戦争しようという主張であった。事実、一八六三年、長州藩は関門海峡で西洋船を砲撃したが、ほぼ同時にイギリスへ留学生を送り出している。攘夷の最急進派は攘夷後の開国を当然視し、国内への危機意識の喚起ができたと見た後は、開国政策に転じたのである。

薩長が主導して成立した明治政府は、西洋との戦争を一貫して回避し、その方針は日露戦争まで四十年近く維持された。他方、新政府は隣国との関係も再編成を図り、それが少なからぬ摩擦を呼んだ。清朝とはまず一八七一年に日清修好条規を結んで三百年近くの国交の空白を解消した。清朝が近隣と結んだ条約では初めての対等条約である。しかし、その直後、日本は国内にみなぎる征韓論のガス抜きのため、清朝の外縁部に位置する台湾に出兵した。両国間の戦争には拡大しなかったが、日本はその後、従来は日清両属の立場にあった琉球を西洋国際法の主権概念に基づいて排他的な領土に組み込むこととし、一八七九年、これを実現した。従来、琉球は清朝に冊封される一方、実際には鹿児島藩に従属してきたが、清朝は冊封の原則を侵害されたことに厳しく抗議し、ふたたび両国間には戦雲が漲ぎった。ただ、日本は西南内乱の直後で疲弊しており、清朝は新疆でロシアとの緊張を抱えていたため、やはり戦争を回避している。琉球問題は曲折の末棚上げとなり、日清戦争で日本がより遠方の台湾を領有した結果、事実上解消した。この危機をきっかけに、両国の一部では、白人国家、とくにロシアの勢力拡張に対抗するため「同文同種」が結束すべしという、いわゆるアジア主義の原型が生まれている。

他方、明治政府は成立の一年後、朝鮮に対して国交の更新を申し込んだ。従来、外交を媒介してきた対馬を通じて新政府と親睦してもらうように図ったのであるが、朝鮮政府はこれに応じず、両国の紛糾は、一八七六年まで足かけ八年に及んだ。これは朝鮮側が日本の革命政府に不信感を持ち、さらに従来の外交慣例を固辞したことから生じた。それを促したのは、日本側が外交文書で日本の君主に「皇」の字を使ったことであった。朝鮮側はそれは中国の皇帝以外は用い得ぬものと考えており、それまで対等交際していた日本側がこの文字使いによって朝鮮国王の上位に立とうとしたと理解したのである。

もう一つの要因は、当時の朝鮮政府が二度にわたって西洋国家と戦争し、これを撃退した経験であった。一八六六年にフランス、一八七一年にアメリカが江華島に上陸したが、戦闘の末、短期間で撤退した。後者の直後、国王の実父大院君は、各地に斥和碑を建てて攘夷の意志を誇示している。西洋と結んで開化政策を進めつつあった日本の新政府はそれだけに余計に疑わしい存在と映っていた。大院君は当時、幕末日本の尊攘家たちと同じく、改革政治を攘夷と組み合わせて実行しつつあった。景福宮の再建や高額通貨の発行、両班勢力の抑圧など、国内改革と対外戦争を二つながら意欲的に展開していたのである。ただ、彼の攘夷は日本の攘夷と違って改革起動の手段ではなく、あくまでも在来の閉鎖的な国際関係を維持しようとするものであった。西洋化を始めた日本との国交更新はこの点からも歓迎すべきものではなかったのである。

しかし、隣国との関係不安定は双方にとって望ましいことではなく、外交当事者は苦心の末、君主の名を用いずに条約を結ぶ妥協策を案出した。しかし、それでも幾多の行違いが生じ、その結果、日本政府の中では征韓論が高揚して、一八七三年には一旦征韓が内決されるに至った。米欧の回覧から帰国した岩倉使節団のメンバーがこれを覆したのは周知のとおりである。その論拠は、世界情勢から推すと、朝鮮問題よりロシアとの樺太問題の方が重要であり、かつ朝鮮への出兵はロシアや清朝の介入を招く可能性があって、日本の国力に耐えられるものでないという判断にあった。

征韓論者は論争に敗れて鹿児島に立て籠もり、日本で東京政府と鹿児島との間に内乱が生ずるのは時間の問題となった。その中で、一八七五年、日本海軍の雲揚艦が故意に江華島に接近し、戦闘を挑発した。その一方、朝鮮国内ではクーデタが起き、大院君が追放されて国妃閔氏の一族が政権を取ることになった。その結果、両国代表はようやく江華府で交渉のテーブルに着き、一八七六年に日朝修好条規を結んだのである。この条約は、幕末日本が西洋と結んだ条約と同じく不平等条約と見なされることが多いが、最恵国待遇と関税に関わる規定はなく、領事裁判権のみがそれに該当する。これは朝鮮側では、日本が釜山の倭館で実施してきた関係の延長と見なされた。当時、朝鮮政府は自国民が日本に渡航することを想定しておらず、したがってここに不平等を認めなかったのである。江華条約の意義はむしろ、その成立が日本の征韓論の根拠を奪ったことにあった。鹿児島士族が反乱に立ち上がったとき、国内からはせ参ずるものは少なく、それゆえに政府軍はこれを鎮圧し得たのである。

その後の日本政府は朝鮮との関係安定に腐心し、一八八二年と一八八四年に朝鮮で清朝と日本を巻き込む形で政変が発生したときも、基本的に不介入の方針を維持した。軍部には軍拡の強い主張が生まれたが、政府は松方正義の主導する財政整理をこれに優先している。江華条約を結んだとき、第一条に朝鮮は「自主」の国であるという文言を書き込み、西洋国際法を盾に冊封秩序からの離脱を促したものの、実際の行動では、一八八四年の中朝商民水陸貿易章程をはじめとする清朝による「属国」支配の実質化を静観する方針を採ったのである。この慎重で抑制的な態度が変化したのは、国内の体制が政治・経済両面で整い、財政的にゆとりが生まれた一八九〇年代、日清戦争直前のことであった。

むすび

十八世紀半ばから再開された西洋の外部世界への進出は、交通・通信技術の発展に伴って、次第に加速してゆき、十九世紀第2四半期には北太平洋にもそのリーチが及んだ。何世紀にもわたって安定した国家を築いていた東アジア三国は、このグローバル化の波に異なった対応をした。早期に西洋との接触を持ったのは中国であったが、これを深刻な危機と見なし、最も敏感に反応したのは日本であった。東アジアの辺境に位置し、国内に様々の不整合と多様性を抱えていたことが、科挙と儒教を核とする整合性の高い政体を持っていた中国や朝鮮よりも変革に対する柔軟性を与えたように見える。辺境必ずしも不利でなく、中心必ずしも有利ではない。この歴史的事実は今後の世界を考えるためにも参考となるはずである。

参考文献

三谷博・並木頼寿・月脚達彦編『大人のための近現代史　一九世紀編』東京大学出版会、二〇〇九年。

川島真編『岩波講座　東アジア近現代通史1（東アジア世界の近代　一九世紀）』岩波書店、二〇一〇年。

岡本隆司『世界のなかの日清韓関係史』講談社、二〇〇八年。

飯島渉『感染症の中国史』中公新書、二〇〇九年。

大野哲弥『国際通信史でみる明治日本』成文社、二〇一二年。

薛軼群『近代中国の電信建設と対外交渉――国際通信をめぐる多国間協調・対立関係の変容』勁草書房、二〇一六年。

Ⅱ 「歴史認識」への省察

アメリカは小さい国である──近代日本の知の「慣習」を脱するために

人口から比較した日本とアメリカ

アメリカは小さい国である。二〇一一年現在の人口は約三億千二百万。これだけ見ると多そうだが、第一位の中国の約十三億四千八百万、第二位のインドの約十二億七百万と比べると、格段に少ない。日本は一億二千八百万弱だから、その二・四倍強にあたる。世には日本を小国と思っている人が多いようだが、それが正しいなら、アメリカも小さな国と言わねばならない。

こう指摘すると日頃の実感と違うと訝かる人も多いだろう。しかし、このように相対視することは、いま日本を考える時には不可欠な手続きと言わねばならない。アメリカを思い浮かべるとき、日本人はしばしば日本との二国間関係で考え、かつ日本のサイズを過小評価しがちである。多分、戦後日本が外国による占領という史上初の屈辱を体験したとき、アメリカがその主役だったためだろう。日本人はアメリカを一時にせよオールマイティと考え、かつ直前の帝国時代を忘れて日本は小国だと思い込もうとしてきた。その後、目覚ましい経済発展を経験して世界の経済大国というもう一つの自己像ができたが、それでも世界の片隅にある小国という意識は消えなかった。いま長期不況の最中に人口減少が始まり、かつ隣の国々が大国としての自己主張を始める中で、日本人の自己像は萎縮と強がりの間で不規則に揺らいでいるようである。

しかし、人口を見る限り、日本は近代以前から大国であった。今後もそうであろう。ワールド・マッパーというウェブサイト（http://www.worldmapper.org/）の推計によれば、一五〇〇年頃の世界で日本はいまのインドと中国に当る地域に次ぐ人口を持っていた。その後、世界貿易と工業化によって欧米地域の比重が増したため、自ら人口増を経験しながらも順位は低下した。それを端的に示すのが、日本の幕末、すなわちアメリカの南北戦争の初期にアメリカに人口で追い抜かれた事実である。最近では開発途上国の人口急増によって順位は世界第十位になり、その絶対数も低下を始めた。しかし、短中期的な変動でなく、古代から今日を通じて長期の観察をするならば、むしろ日本が大人口社会の一つであり続け、将来もそうだろうということを銘記した方が良いのではなかろうか。

学界における絶大な格差

しかしながら、いまアメリカと日本を比べると、かなりの格差があるように感じられる。なぜそうなのだろうか。いずれの面を比べても、二・四対一なら納得できるはずだが、必ずしもそうではない。経済規模はこの比率に近い。ＧＤＰの比は二〇一一年で二・五七対一。少しパフォーマンスが劣るようだが、産業ごとに見たら甲乙よい勝負なのではなかろうか。技術開発の指標として特許取得件数を見ると、二・三五対一。むしろ健闘している。しかし、経済以外の分野ではどうだろう。ロンドン・オリンピックでの金メダルは、二・七三対一。まあまあだが、眼を学術界に転ずると、少々心細いことになる。ノーベル賞の自然科学分野だと二六・七対一。こうした褒賞は過去の評価なので現在のパフォーマンスを示すとは限らないが、経済やスポーツに比べて、一桁下回っているのはいささか気になるところである。では、いわゆる文系学問ではどうだろうか。ここでは直接の数値指標は利用できないが、直観的には理科系よりもっと格差があるような気がする。

というのは、日本の大学を振り返ると、国文学のような特殊な分野を除くと、そのカリキュラムや問題設定・用語はほとんどが欧米産のものだからである。第二次大戦中のように、これらの用語を使用禁止にしたら、大学は少なくとも二年間は休講にせざるを得なくなるのではなかろうか。逆に、アメリカの大学は日本の学問を必要としていない。アメリカの大学では学部や大学院の授業で一学期に読むべき書物十数冊が指定され、そのリポートを提出しないかぎり単位が取れないが、そのリストに日本人が書いた著作はない。日本語の本は指定できないという問題がここにはあるのだが、それを割り引いても、日本語で書かれた著作に英文の本を押しのけて必読書リストに載る価値のあるものがどれほどあるか、心許ない。日本研究や中国研究ならあるに違いないが、それ以外の分野ではどうだろうか。仮に日本が沈没して日本の大学がなくなったとしても、ごく僅かの分野を除き、アメリカの大学はなんら痛痒を感じないのではなかろうか。

ここには、量に還元できない質的な、絶対的に見えるほどの落差、非対称性の壁がある。なぜ、このような状況がいまあるのだろうか。その原因の一つは、アメリカの大学が国内からだけでなく、世界中から学生を集めていることである。アメリカは移民の国だと言われるが、その歴史を背景に移民を活用する様々の制度が作られてきた。大学で言えば、学問的有能さが証明できれば、一流の研究大学は、学費だけでなく、生活費まで大学院生に支給する。成業後も生まれを問わず、職を提供する慣習が確立している。このため、世界中から、その地域で最も優秀な学生がアメリカの大学に集まるのである。つまり、日本の大学が国内の一億二千万から学生をリクルートしているのに対し、アメリカの大学は世界人口七十億余を母集団にその学生を獲得しているのである。大学に関して言えば、最大五八対一の差が生じても不思議ではない。

無論、大学の教育・研究自体に魅力がなければこんなことは生じない。アメリカの学界は、ほとんどすべての分野で一流との評価を得ているが、それはオープンな場での競争に支えられている。アジア研究を例にとると、北米の学界は、毎春一回、大規模な学会をホテルを借り切って催す。のべ四千人前後の学者・学生が集まり、多数のパネルで発表をするが、それは一面で、教員候補者の一大競り市である。教員の欠員を抱えた大学の関係者は、学会のパネルをはしごして、有望な候補の発表を実地に見、場合によってはインタビューする。出身大学は問わない。これは、日本の学界の分断性と顕著な対照をなしている。日本では、例えば日本史なら、その学界は、大学ごと、学部ごとに分かれ、東京と関西の間でも人的交流は少ない。全国規模の学会はあるにはあるが、アメリカの学会ほど包括的ではない。このような「タコ壺」の集合体、学閥は、やはり競争を排除するから、研究者を適正配置するのは難しいのである。

アメリカの優位は、ソフトパワーとそれを支える制度に由来する。人口は中国の四分の一以下でありながら、アメリカの優位が当分動きそうもないのは、そのせいである。アメリカに追いつきたければ、他国もまた同様の制度的努力をするほかはない。

知の自己植民地化を脱する

しかし、日本との格差を問題にすると、別の面も見なければならない。それは言語の壁である。世界で日本語が読める人はほとんどが日本列島の上に住んでいる。これに対し、英語はデ・ファクト・スタンダードの世界語になっている。かつ、英語の著作の日本語への翻訳はおびただしい数に上るが、その逆はめったにない。アメリカの学者は日本研究者であっても日本語の著作を翻訳しない。翻訳は業績に数えられないからである。これに対し、日本の文系学者の多くは、その時間のかなりを翻訳に費やしている。これが不公平なのは言うまでもない。

しかし、この不平等を生み出している主役は、アメリカ側というよりは、日本側である。近代日本の文系学者は、多くは自らを西洋の偉大な知識人の弟子として位置づけてきた。日本人からマルクスやド・トクヴィルやフロイトやフーコーといった知の巨人が出現するはずがないと確信するだけでなく、それよりは到達しやすいはずのノーベル賞級の学者を養成することにも無関心できた。文系でノーベル賞級とは、その著作が分野を超えて読まれ、世界に多くの自発的模倣者が出てくることで測られる。フランスのアナール学派が他地域を専門とする歴史家に読まれ、ベネディクト・アンダーソンの著作がナショナリズムを論ずるすべての分野で参照されているのがそれに当たる。各大学の必読文献リストに載っている著作はその候補と言って良いだろう。しかし、残念ながら、このレヴェルにあっても、日本人の書いた本はなきに等しい。日本の学界が、知の生産・流通における西洋の優位を前提に形成され、自らを下流に位置づけ、国内に向かって西洋の権威を借りて臨むという知的慣習に支配されているからである。知の自己植民地化と言って良いだろう。

この自己卑下の解消は、一面では簡単である。本を書く時に、始めから世界の知識人に読んでもらうことを前提とし、さらに何らかの手段を講じて、英語で出版すればよいからである。実は、そういう意志さえあれば、アメリカの日本研究者のかなりは助けてくれるはずである。自分では翻訳しないだろうが、自分の学生を助けるのと同様に、学友の援助はしてくれるに違いない。彼らはこの面では公平である。したがって、真の障害は日本人の側にある。人の智恵を借りるという長い習慣を放棄し、自ら根底から考えるのは楽ではない。しかし、日本の没落を憂えるのであれば、それを改めるしかないのではなかろうか。経済が縮小しても、予算が少なくなっても、智恵は出せる。心構えを変え、次世代をそのように教育すれば、知的な創造力は今よりずっと高まるはずである。「腐っても鯛」。日本はそう言われるだけの条件を、いま現に持っているのだから。

アメリカの良い面を、真に模倣せよと書いた。しかし、アメリカにも弱点がある。それは、社会全体が「発展・進歩」を基礎に組み立てられ、それ以外の可能性を想像する余地が残されていない点である。中国とインドの二大国が「発展」の欲望に目覚めて驀進し、他の大社会も追随し始めた今日、資源と環境の制約は日に日に厳しくなっている。そのような条件下で「発展」は持続できるだろうか。百年や二百年後の地球上に、現在のような大量生産・大量消費の世界が存在しているだろうか。人類の子孫は千年後まで生き延びられるだろうか。杞憂と思われるかも知れないが、もしそうした現在と異なる条件下の社会、定常ないし縮小社会が訪れたとき、子孫がうまく生き延びるには、予め様々なシナリオを想定し、それぞれに即した生き方を考えておくほかはない。どれが当たるかは分からないが、そうしたシミュレーションが有効なことは、幕末日本の経験で証明済みである。隣国と異なって日本が西洋主導のグローバル化への対応に成功したのは、十八世紀末から六十年もの間、西洋との危機が生じた際の対策を考え続け、複数のシナリオを用意していたからである。現在のアメリカの知的世界には、そうした思考のゆとりがあまり見られないようだが、日本人はそこまで見倣う必要はないのではなかろうか。

日本人はアメリカを考える時、適切な距離感がとれないようである。しかし、それは意志次第でできる。意外に簡単なことかも知れない。

『坂の上の雲』の在りか――『大人のための近現代史　一九世紀編』編集後記

二〇一〇年十一月から翌年十二月にかけて、ＮＨＫが三回に分けて、司馬遼太郎の『坂の上の雲』を大河ドラマにして放送した。四国松山出身の主人公たち、秋山好古を阿部寛、秋山真之を本木雅弘、正岡子規を香川照之が演じ、かなりの視聴を集めたようである。

ウェブ上の企画説明によると、「『坂の上の雲』は、国民ひとりひとりが少年のような希望をもって国の近代化に取り組み、そして存亡をかけて日露戦争を戦った「少年の国・明治」の物語」であって、そこには「今の日本と同じように新たな価値観の創造に苦悩・奮闘した明治という時代の精神が生き生きと描かれています。この作品に込められたメッセージは、日本がこれから向かうべき道を考える上で大きなヒントを与えてくれるに違いありません」ということである。(1)

筆者がこの書物を初めて読んだのは大学院生の時代である。寮の同室にいた数学科の同級生の所蔵本を借覧した。(2)なにしろ全六巻という長編だったので、初めは試しに手に取った程度に過ぎなかったが、ついつい引きずり込まれてしまって、その週は寝不足が続いてしまった。

一九七〇年代半ばのことで、日本が二度にわたる石油危機をものともせず、経済成長を続けていた頃である。司馬遼太郎は、単行本第一巻のあとがきに、「このながい物語は、その日本史上類のない幸福な楽天家たちの物語である。やがてかれらは日露戦争というとほうもない大仕事に無我夢中でくびをつっこんでゆく。……楽天家たちは……前をのみ見つめながらあるく。のぼってゆく坂の上の青い天にもし一朶《だ》の白い雲がかがやいているとすれば、それのみをみつめて坂をのぼってゆくであろう」(3)と書いているが、戦後一九五〇年に生まれ、高度成長の恩恵を受けて育ち、父系の親族中で初めて大学に学ぶ機会を与えられた私にとって、この主人公たちを自らと重ね合わせて考えるのは自然なことだった。東大に入学した途端、一九六八年紛争に見舞われ、その過程での見聞はいまだに解決できない難問をもたらしたとはいうものの、基本的な気分は、司馬遼太郎を愛読した戦後世代と共有していたのである。

いま定年を迎えつつある私や年長の世代にとって、NHKによる映像化は、青春と壮年の時代を懐古するよすがとなるかも知れない。「子どものような純粋さで明るい未来を信じ、……そんな時代を駆け抜けた」ことへの郷愁である。しかし、いまの若い世代はどうだろうか。我々と違って、彼らの日本は生まれながらに豊かだった。貧困と空腹と疾病の悪循環を知らない世界である。かつ、我々と異なって、彼らは右肩上がりの発展を知らない。生まれながらに梅雨空が続き、その中で格差が拡がってゆく社会である。彼らははたして、この単純明快な主題を持つドラマと自らを重ね合わせるだろうか。

ＮＨＫの企画説明は、日本の現状を「二一世紀を迎えた今、世界はグローバル化の波に洗われながら国家や民族のあり方をめぐって混迷を深めています。その中で日本は、社会構造の変化や価値観の分裂に直面し進むべき道が見えない状況が続いているのではないでしょうか」と診断し、明治という時代を「新たな価値観の創造に苦悩・奮闘した」時代と規定して、いまと重ね合わせている。(4)

幕末や明治の日本人が遺した史料に親しんできた筆者にとって、この重ね合わせには困惑する。明治人は新たな価値観の創造や分裂という問題に比較的に苦しまなかった人々であった。幕末の政治変動を経て「忠君愛国」「富国強兵」「立身出世」といった単純明瞭な価値観を共有し、その実現のため、公論政治や近代科学の導入をはじめ、ありとあらゆる努力を傾けた。秋山兄弟や子規たちの明るさ、楽天性は、価値観への疑いを持たず、ひたすらその実行に没頭したところから来ている。同世代中で夏目漱石は例外に属し、彼の気づいたこみ入った問題、そして創造への苦闘を理解し始めたのは次の世代からであった。

もしこうした認識が正しいなら、いま『坂の上の雲』を読んだり、視ることにどんな意味があるのだろうか。ＮＨＫの説明と逆に、「今の日本と同じように」ではなく、「全く違う」からではなかろうか。フィクションとして視れば、「心が晴れ晴れし」てき、「元気が出る」世界がここにあるのは間違いない。しばし、現代の日本と違う異世界に遊ぶことができる。同様に、いまと将来の日本は、この本が描いたような文字通り国運を賭した戦争を戦うことは、紙とスクリーンの上でしか経験しないだろう。日露戦争は史上の事実であり、司馬がくり返し書いているように、その勝利は当事者から視れば奇跡としか言いようのない大事件であったが、これからの日本にそれと同様の状況が出現することは、日本や隣国が人と自らを狂気の循環に追い込もうとしない限り、まずありえない。いまの日本人にとって、『坂の上の雲』は二重の意味で異世界に属している。そうした眼があるなら、このドラマは楽しいファンタジーとして受け止めることが可能となるはずである。

生前、司馬遼太郎は、この歴史小説の映像化を拒んでいたということである。その遺志が覆された事情は知らないが、もし彼がいま生きていて、かつもし映像化を容認したとするならば、こんな注釈と断りを書いたのではないだろうか。

ところで、二〇〇九年秋、東京大学出版会から『大人のための近現代史　一九世紀編』を刊行していただいた。[5] これは、『坂の上の雲』を視たり、読んだりする前に、ぜひ読んでいただきたい書である。秋山兄弟や正岡子規たちの日本がどのようにしてできたのか、同時代の隣国はどんな社会だったのか、そして『坂の上の雲』の日本がどのような世界に取り囲まれ、かつそれにどのような影響を与えたのか、それをもっと詳しく、かつバランスよく知ることができるだろう。

「近現代史」というと、まず西欧と北米の国々の動静を記し、その各地への影響に説きおよぶというのが世界の通例であるが、この本は視点を東アジアの内部に置き、日中韓三国の相互関係を中心に記述している。「近代」における西洋の支配的地位は圧倒的であり、科学技術一つを取ってみてもその外部に生きている人類はいま存在しない。したがって、人によってはこの本を意図的な反ユーロセントリズムの書と取るかも知れない。それはしかし、執筆者たちの意図とは違う。

我々の意図は極めて単純で、現在、急激に相互依存関係が展開している東アジアの国々が、過去にはどのような関係に立っていたのか、それを知りたいというものであった。したがって、ここでは、西洋とその影響という単純なマスターナラティヴでなく、漢字や大乗仏教などの文化要素を共有しながら、互いに疎遠であった東アジアの諸国が、近代西洋との出会いの下で相互関係を緊密化し、それに伴って対立と新たな関係に入ってゆくという、やや複雑なマスターナラティヴを採用することとなったのである。

ごく最近までの東アジアでは、隣国に対する関心がごく乏しかった。日本を先頭に、主たる関心はまず西洋に向かった。西洋による圧迫であれ、学習の対象としてであれ、まず西洋に注意を向け、隣国にはごくたまにしか関心を注がなかった。隣接する社会がどんなものか、その住民はどんな文化の中で暮らしているのか、そうした基本事項には無関心で、ただ、自分の社会に脅威をもたらすか否かが問題になった時にのみ、注意を向けるに過ぎなかったのである。日本のみならず、中国や韓国でも、外国語というと西洋語をまず指し、隣国の言葉は二の次になるという現状は、何よりもこうした偏りをよく示していると言って良いだろう。

このような相互無関心を破ったのは、一九九〇年代から急速に進んだ域内の相互交流であった。一九九二年に韓国と中国が国交を樹立し、二〇〇四年には日中貿易額が日米貿易額を上回るようになった。ビジネスがまず先行し、それと踵を接するようにポップ・カルチャーが相互浸透を始め、人々の中に同じ時代を生きているという感覚を作りだした。九〇年代には中国の若者が日本の漫画に熱中したり、Ｊポップスに親しむようになり、二十一世紀初頭には日本の女性が韓流ドラマに熱を上げ、それは中国にも拡がっている。

しかし、学問の世界ではどうであろうか。日本の中国学界は、以前からの蓄積に世界的な定評を有していたが、今もなお、しっかりとした調査研究を基礎に、多くの優れた著作を生み出している。しかし、その成果は日本の他の学界、さらに知的公衆の中に浸透し、共有されているとは言い難い。また、韓国や中国での日本研究は相変わらず低調であり、その知的公衆は隣国にほとんど関心を抱いていない。ハイカルチャーのレヴェルでは、以前、相互無関心が続いているのである。

このような状況下で、例外が生まれた。歴史である。これはポップ・カルチャーと逆に、親しみでなく、敵対関係から相互関心が生じた。周知のように、二〇〇一年の歴史認識論争がきっかけになって、日本・韓国・中国・台湾の歴史家たちは、自国の歴史解釈だけでなく、隣国の歴史解釈にも関心を持つことを余儀なくされた。当初、二十世紀前半の日本による戦争と支配のみが争点となったのであるが、現在は高句麗に関する歴史的領有権という形で、韓国と中国の間にも問題が発生している。あくまでも自国本位の解釈を固持しようと、近代が生み出した「国民史」という枠組みを超える歴史を追求しようと、歴史家たちは隣国での解釈に関心を持たざるを得なくなったのである。

我々の『大人のための近現代史』は、こうした状況への応答の一つである。日・中・韓の三国に加え、ロシア・イギリス・アメリカの動向を、一望の下にまず眺めてみたい。今まで我々の手元にはなかった比較的詳しい東アジアの近代地域史を書いてみよう。二〇〇五年春にソウル・北京・上海などで若者たちの反日街頭行動に直面した後、隣室の同僚並木頼寿氏と相談し、さらに川島真氏や月脚達彦氏らの協力を得て始めた企画である。いわゆる歴史認識論争の直後には、日中韓の歴史家たちの国際共同研究がはやった。『未来をひらく歴史』（高文研、初版二〇〇五年）、『国境を越える歴史認識』（東京大学出版会、二〇〇六年）、『日韓歴史共通教材　日韓交流の歴史』（明石書店、二〇〇七年）などがその代表例である。(6) しかし、これらは教科書的な小冊子であったり、三国の国民史の寄せ集めであったり、専門家向けの論文集であったりして、東アジア史の全体を鳥瞰できるような書物ではなかった。その一方、我々には国際共同研究に不可欠の膨大な費用と手間（通訳・翻訳・摺り合わせ）をかけるゆとりはなかった。とりあえず、東京近辺在住の知り合いを糾合して編集にかかったのである。ロシアの対東アジア関係については身近に執筆を引き受けて下さる方が見つからなかったので、北海道大学のスラブ研究所に着任されたばかりのデイヴィッド・ウルフ氏に執筆を依頼した。

それから刊行までには四年が経過した。当初は日中間の国際緊張に促されて順調に進行したが、政治的緊張が緩むと原稿の集まりが悪くなり、一時は本当に完成に至るのか、危ぶまれるようになった。平時になると、メンバーはみな国ごとに分かれた学界の仕事に追われるようになり、地域史は後回しにされたのである。その危機を救って下さったのは川島真氏であった。氏は多忙をおして幾つも卓抜な原稿を書いて下さった。こうして二〇〇九年六月、ようやく完成への見通しが生まれたのだが、八月初旬、今度は共編者の並木頼寿氏が亡くなるという悲運に見舞われた。彼なくしてはこの企画は生まれえなかった。私事ではあるが、この十九世紀編は、同じ年に駒場に着任し、二十年余にわたって親炙してきた私にとって、彼の追憶の碑になってしまったのである。

『大人のための近現代史　一九世紀編』は、巻を日清戦争で締めくくる点に特色がある。『坂の上の雲』が日露戦争を近代日本の分水嶺とし、全編の六分の五をそれに充てているのとは大いに異なる。『坂の上の雲』のマスターナラティヴは、日本人の「国民史」という視点に立って西洋による外圧とその克服を叙述するというものである。このナラティヴは「黒船」に始まる幕末の動乱の中で形成・普及したもので、日露戦争をそのクライマックスとする物語は、戦前の国定国語・歴史教科書によって普及したものであった（その取り上げるトピックスの数は明治維新を凌駕した）[7]。帝国臣民の視点に立つ限り、司馬の依拠したナラティヴは自然なものだったと言える。のみならず、しばしば指摘されるように、日露戦争時の日本の戦力と経済力は、日清戦争時と異なって、敵国と比べてかなりの劣勢であり、その勝利は極めて限られた時間における離れ業に近いものであった。ここには、多くの人々の感動を誘う奇跡の物語がある。

しかし、我々は最初の会議の際、十九世紀編の終局を日清戦争におくこととした。それは、帝国日本だけでなく、東アジア地域の全体を視野に収めるためである。日清戦争は、秀吉の朝鮮出兵以来、三百年ぶりに日本が経験した最初の対外戦争であった。のみならず、それは東アジアの国際関係に巨大な変化を生んだ。日本が台湾を領有して植民帝国に変化した一方、隣国にはナショナリズムと立憲改革の火が燃え上がった。日本でこの火が着いたのは幕末のことであったが、世界史上に稀な官僚支配と業績主義の伝統を持つ中国と朝鮮では、西洋との数々の戦争を経ても、これらの必要性はなかなか認識されなかった。それが隣国の日本の勝利を目撃したとき、突如、変化したのである。二十世紀前半の東アジア史の枠組、帝国化した日本・植民地化された朝鮮・国民国家を追求する中国という構図の大枠は、日清戦争を機に形成されたのである。

現在の我々は、好むと好まざるとにかかわらず、隣国との関係を無視しては生きて行けない。我々は相互依存の網の目の中に暮らしていて、隣人を無頓着に傷つけることはたちどころに自らの生活を破壊することになる。このような国際環境では、国民の内部にのみ視点を置くマスターナラティヴは不十分であり、隣国に生きる人々の視点をも包含し、さらに地域全体、地球全体を想像しうるようなマスターナラティヴを開発する必要がある。そのため、本書は、川島真氏による「国際公共財の形成」という章で締めくくった。二十世紀前半の東アジアは、厳しい対立と戦火が支配した時代であったが、それでもなお、その過程では同時に共生のための様々な制度と慣習が作られていった。この度の十九世紀編は、帝国主義とナショナリズムの支配する以前の世界、より自由で可塑性のあった世界を描いた。続く二十世紀編においても、そうした可能性と希望に眼を留めつつ、編集したいものと考えている。

註

（1）http://www.nhk.or.jp/matsuyama/sakanoue/about/index.html　（二〇一一年十二月三十一日）
（2）司馬遼太郎『坂の上の雲』全六巻、文藝春秋社、一九六九―一九七二年。引用文は文春文庫版による。
（3）文庫版第八巻、二二二頁。
（4）これは二〇一〇年十一月の同じウェブサイトからの引用であるが、二〇一一年十二月現在では削除されている。
（5）三谷博・並木頼寿・月脚達彦編『大人のための近現代史　一九世紀編』東京大学出版会、二〇〇九年。
（6）これらの評価については、次を参照。Hiroshi Mitani, The History Textbook Issue in Japan and East Asia: Institutional Framework, Controversies, and International Efforts for Common Histories, in Tsuyoshi Hasegawa and

Kazuhiko Togo, eds., *East Asia's Haunted Present* (West Port , CT: Praeger Security International,2008).
（7）山室建徳「日露戦争の記憶——社会が行う〈現代史教育〉」『帝京大学文学部紀要』二六号、二〇〇一年。

日中韓の歴史認識問題――東アジアの平和の阻害要因にどう対処するか

一　危機とその根

二〇一五年の現在、東アジアの国際関係、とくに日本と韓国・中国との関係は、その国交回復（それぞれ一九六五、一九七二年）以来、最も緊張と不安に満ちたものとなっている。韓国大統領が竹島（韓国名独島）に自ら上陸し、さらに日本が東シナ海の尖閣諸島を国有化した二〇一二年夏以降、関係各国の世論は反感が反感を呼ぶ悪循環に陥り、日本と中国との間には以前には想定し得なかった軍事衝突の可能性まで生まれた。二十一世紀の初頭にしばしば語られた、国際相互依存の深化を基礎とした平和で安定した国際秩序、さらには「東アジア共同体」の到来への期待は、消し飛んでしまったかに見える。

しかしながら、この地域に住む人々が好んで敵対を欲しているわけではない。国家関係の悪化の中で見えてきたのは、むしろ民間レヴェルの相互関係の深化という趨勢の力強さである。政治的ショックが生じて一年半余が過ぎると、韓国と中国、とくに中国から日本を訪れる観光客の数は元の水準を上回るまでに回復した。経済面の関係も同様である。たまたま、今年二〇一五年はアジア太平洋戦争の終結と脱植民地化から七十年、日韓条約の締結から五十年という節目の年である。遅まきながら、政治面でも各国政府は対立緩和の努力を始めているようである。それが実れば東アジアの前途を悲観する必要はなくなるだろう。

しかし、この数十年を振り返ってみると、日本と隣国の関係は常に同じパタンを繰り返してきたことに気づく。関係改善の努力、相互関係の深化、関係の改善、そして「事件」に伴う突然の関係悪化というパタンの反復である。状態が「振出し」に戻ってしまうわけではないにしろ、その中で、国内世論に抗してあえて国境を越えた繋がりを作り出し、関係改善の努力をしてきた人々が失望したのも無理はない。しかしながら、今の事態は見捨てるには深刻すぎる。世論間の悪循環を停止し、逆転させない限り、東アジアに幸せな未来は訪れない。

では、どうすべきか。それは、この国民感情の対立の根を掘り出し、適切な手当を施すことである。現在、対立は領土問題という生々しい問題にまで展開し、それは政治的工夫以外に対処する術はない。しかし、東アジアの場合、その困難を倍加する条件がある。「歴史認識」問題に他ならない。「歴史認識」は、ここ東アジアでは普通名詞でなく、「日本人は我々隣国人に対する二十世紀前半の侵略と支配に対し、どう認識するのか。どう責任を取るのか」という固有名詞、特定の政治的問いかけである。これが日本に対する隣国からの非難や敵対的行動の根源にある。このマグマはどうして生じ、どんな性質を持っているのだろうか。その解明は、いま我々が陥っている悪循環を和らげ、やがては好循環に転化するため、必須の課題である。政治的対立はその都度、政治的工夫によってやり過ごすことができるかもしれない。しかし、先に見たような改善努力と突然の悪化という循環を絶ち、東アジアに安定した秩序をもたらすには、日本と隣国が過去から引き継いだ「歴史認識」問題に適切に対処するほかはないのである。

二　今日の世界と東アジア三国

日中韓の地位変動

現在の東アジアでの対立は、域内各国の世界での地位の変動と密接に関わっている。韓国がまず経済発展をし、その後中国もその列に加わって、後者は現在GDP世界第二位の超大国となっている。十九世紀末以来、一九八〇年代に至るまで、つまり二十世紀の東アジアでは日本が図抜けた地位を持っていたが、今は隣国に追いつかれ、中には追い越された面もある。そうした地位関係の変化の中で、かつて侵略を受け、それを脱した後も貧しさゆえに長く日本に言いたいことも言えなかった隣国民は、遠慮なく自己主張をぶつけるようになったのである。無論、その心底に見返してやりたいという思いがあるのは想像に難くない。

こうした変化に日本人は戸惑っているようである。明治の文明開化以来、日本人は先進国西洋と後進国アジアの間に自国を位置づけるという態度を取ってきた。その国民的アイデンティティは、世界秩序を上下関係で把握し、自らを西洋より下、隣国より上に定位することで形作られてきた。隣国の台頭はこの世界像を壊すことになったのである。実のところ、世界を広く眺めれば日本の地位は依然として高く、人口減少の趨勢の中でも、それは簡単に揺らぎそうもない。しかし、現在の日本人は自信喪失気味で、それは日本だけでなく東アジア全域にとっても放置できない問題である。それを解決するには、まず東アジアの国々が世界に占める地位を長期的な視点から客観的に観察し、さらに国際関係を優劣・上下の関係で見ることを止め、対等交際を当然の規範と見なすように発想を転換する必要があると思われる。[1]

以下ではまず、東アジアの各国が世界の中でどんな地位を占めているのか、簡単に見ておこう。ここに示すのは、イギリスのシェフィールド大学とアメリカのミシガン大学が共同して作ったワールド・マッパーというウェブサイトに掲載されている、領土面積・人口・GDPなどを国ごとに表現した世界地図である。[2] 見慣れたメルカトル図法と異なって、地図上の面積に各国の世界の中での比重が正確に表現されている。残念ながら、二〇〇五年頃にデータの更新が止まってしまったが、分かりやすい図なので、まずこれを見よう。

指標ごとの地位の変化

図7―1は領土面積を示している。国ごとに描かれた地図ではあるが、まず目に飛び込むのはアフリカの巨大さであろう。現生人類発祥の地アフリカは、ユーラシア大陸からインド・東

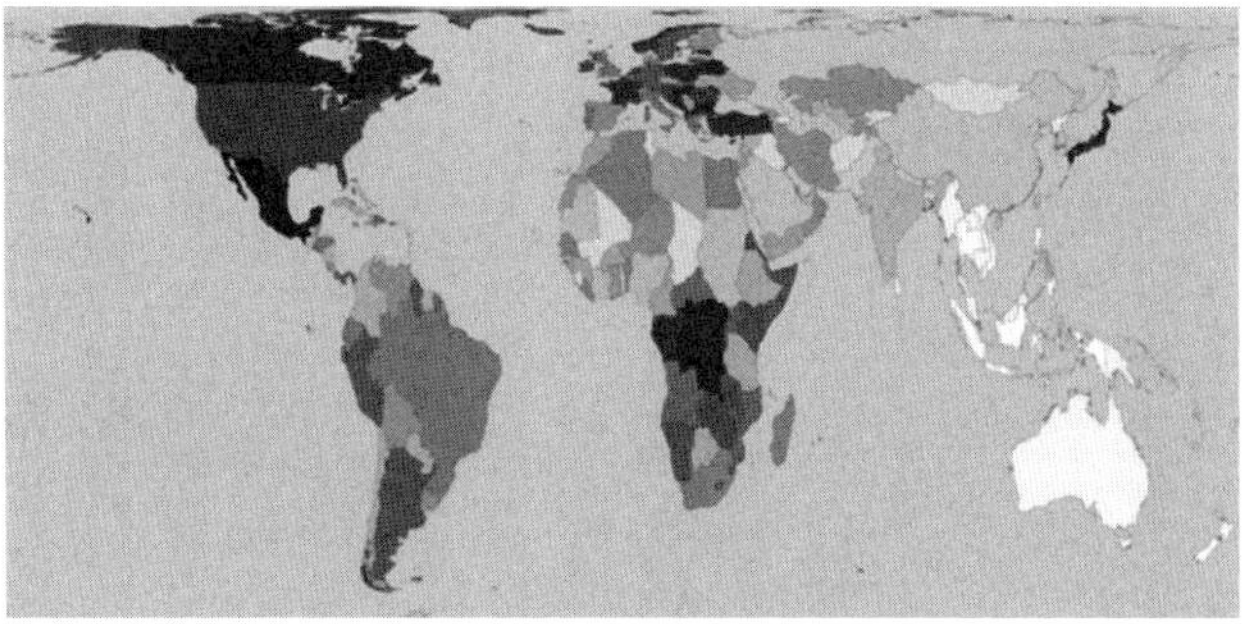

図7－1　領土面積（2000年）

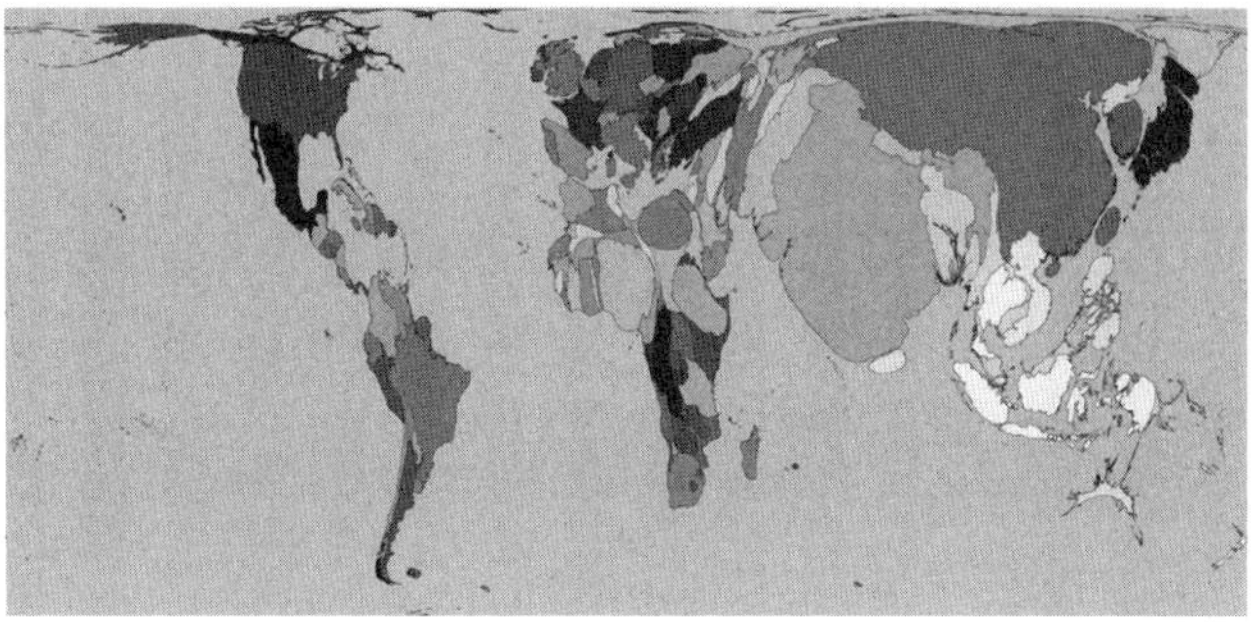

図7－2　人口（2002年）

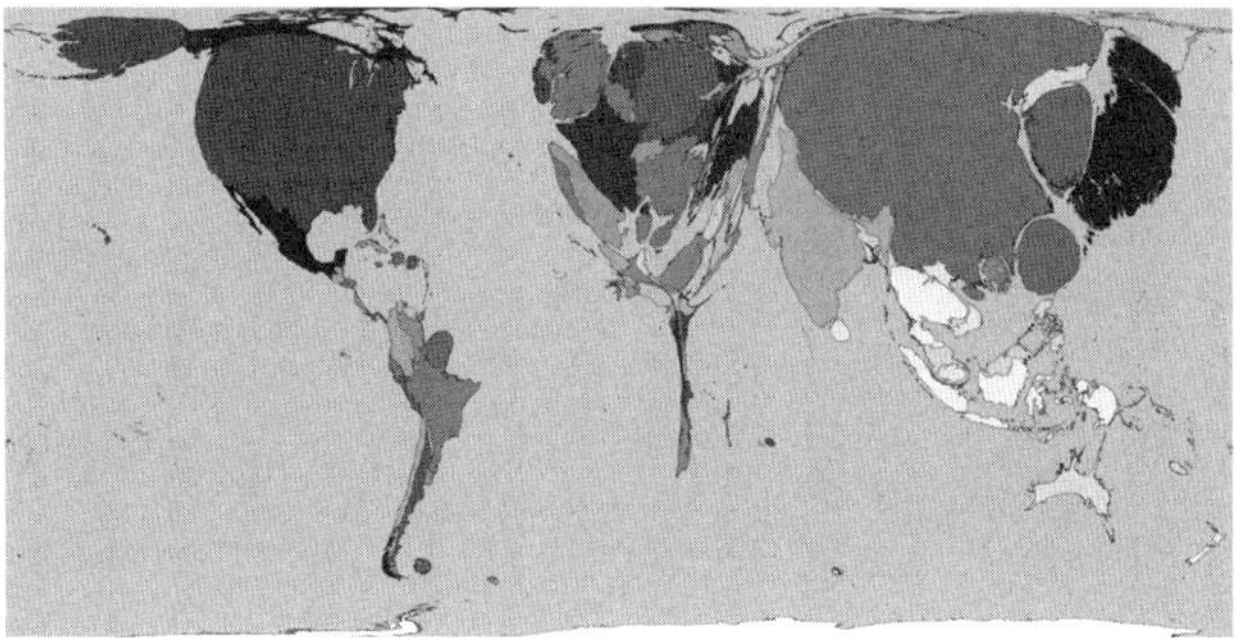

図7－3　GDP（2005年、推計）

南アジアを除いた全域に匹敵する規模である。その図上の位置と濃い色が使われていることを抜きにしても、これは日常の我々の想像力の歪みを反省させるに足る事実である。南北アメリカも日頃の想像以上に大きい。その中で、東アジアに目を向けると、どうだろう。中国が意外に小さく見えるのではなかろうか。逆に、色のせいとはいえ、日本が大きく見える。韓国はいかにも小さい。

しかし、人口比を示す図7―2を見ると、景色は一変する。アフリカと南北アメリカが痩せ細る一方、インドと中国が圧倒的な存在感を見せる。逆にメルカトル図法であれほど印象的だったロシアとカナダは見る影もない。東アジアでは、日本、さらに韓国も巨大である。ヨーロッパの国々と比較すると、それがよく分かるだろう。台湾も領土面積に比べかなり大きい。

東アジアがもっと存在感を増すのは、GDPを示した図7―3である。このGDPは、名目値でなく、消費者物価を基準に計算し直した購買力平価によるデータである。この図で目立つのは、経済規模の点で、北米・西ヨーロッパ・東アジアの三地域が圧倒的な比重を占め、とくに中国の比重が他を圧していることであろう。しかし、同時に日本も領土・人口に比して大きな存在感を示している。また韓国が予想以上に大きく、ヨーロッパの国々の中に置いてみると、その第四番目に匹敵する地位を持っていることも分かる。これに対し、北朝鮮はいかにも小さい。このように、世界における各国の比重は、日常的な思い込みとかなり隔たっており、なかでも、中国をはじめとする東アジアのウェイトと韓国の経済力は、刮目に値するものがあるこ

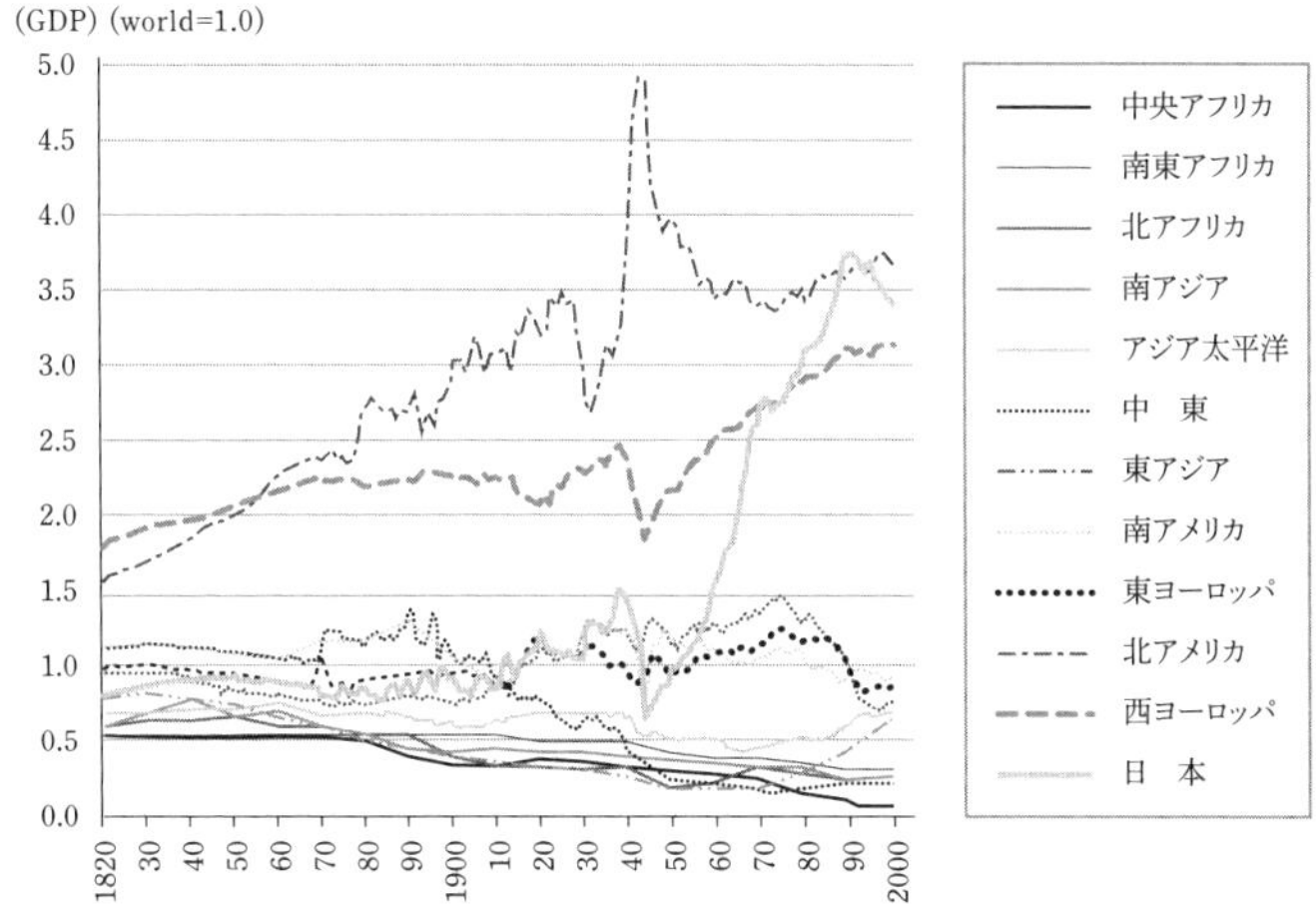

図7－4　1人あたりGDPの推移（1820～2000年）
出典 :http://www.worldmapper.org/data.html
収載 Data file 2（WorldmapperU2）の GDP_capita_charts

とに注意が必要であろう。

「近代」二百年の長期変動

では、このような状態がいかにして生まれたのか、経済規模に的を絞って最近二百年の変化を見てみよう。図7－4は、ワールド・マッパーに掲載されている一人あたり名目GDPの相対比の推移である。世界を地域別にまとめて表示しているが、日本だけは一国で表示されている。この図によると、この約二百年の間に世界全体の生活水準は二つないし三つのグループに分かれて推移していた。最初から高位のグループ、最初から最近まで停滞ないし降下を続けたグループ、そして後者から前者に移った、ないし移り始めたグループである。無論、前者は西欧と北米、次はその他大多数の地域、最後は日本およびつい最近の東アジアとアジア・パシフィックである。この図を見ると二十世紀の後半に日本がいかに特異なパフォーマンス、飛躍を見せたかが分かるだろう。

一方、中央の右あたり、一九四五年頃に急降下したり、急上昇したりした地域があるのも目立つ。これは第二次世界大戦の影響であって、戦争でGDPが急増した国はアメリカ合衆国。国内が戦場とならず、その経済力で欧州を支えたことがこの図に表れている。逆に急降下したのは欧州（西ヨーロッパ・東ヨーロッパ）と日本である。欧州では国内で地上戦がなかったイギリスや終期に止ったフランスと大部分が戦場と化したドイツ・ポーランドやロシアなどとで破壊の程度は異なったはずであるが、全体として大きな経済的消耗を強いられたのは疑いない。全土が空襲にさらされた日本も同様であった。日本についてよく見ると、他地域から抜け出した戦後の急上昇は実は戦前から始まっていたように見える。とはいえ、戦争がなかったら順調に経済成長したはずだとは必ずしも言えない。日中戦争開始後の経済成長は軍需に牽引されたもので、戦後の急成長は空襲と敗戦に伴う階級差の縮小、とくに農地改革という制度改革を基礎とするものだった。これが平時のバランスのとれた経済成長と同一視できるとは思われない。しかし、二十世紀の日本が非欧米のグループからいち早く抜け出そうとし、敗戦後にそれを加速していったことは事実であり、それが二十世紀後半の世界史で注目すべき現象であったことは間違いないだろう。

三　東アジア秩序の劇変

冒頭に述べたように、この数年間、東アジアの国際関係は劇変した。日本と中国・韓国の対立は、今世紀初頭では「歴史認識」問題、つまり過去の記憶をめぐって生じていたが、今は領土という生々しい現在の問題に焦点が移っている。

今世紀最初の十年

二〇〇一年に日本の中学校歴史教科書について生じた論争は、日本の国内、そして韓国・中国と日本との間で強い関心を呼び起こし、その規模と激しさは空前のものであった。また、二〇〇五年に小泉純一郎首相が国内外の反対の声を押して靖国神社に参拝したとき、中国の大都市では通常は禁止されているはずの大規模なデモが爆発した。しかしながら、これらの「歴史認識」問題は一過性の事件で終わっている。当事国政府は、その後、関係改善を最優先の目標に置き、世論間の感情対立の拡大を抑制することに腐心した。日韓・日中で歴史共同研究を立ち上げて「歴史認識」問題を歴史専門家に預け、政治の世界から隔離することにしたのもその一環であった。

二〇一〇年以降

しかし、最近の紛争は領土問題という生々しいものとなっている。[3] その発端は、二〇一〇年九月七日に尖閣諸島の日本領海内で中国の漁船が日本の監視船に体当りした事件にある。船長の逮捕・勾留、そして釈放という一連の動きは、日本政府が当初、映像を含む事実関係を開示しなかったため、中国側に日本側の横暴という解釈を生み、それが強烈な反日世論を呼び起こした。逆に、日本側では、漁船がなぜ監視船の警告に従わず、敢えて衝突を冒したのかを疑問とする声が上がった。こうした状況を背景に、二〇一二年九月十一日に日本政府が尖閣諸島を買い上げ、国有化すると、中国各地で大規模な暴動が発生し、多くの日本企業の商店や工場が破壊された。尖閣諸島は日本が実効支配して久しい土地であったが、第二次世界大戦後、これを台湾ついで中国が自国領だと主張し始めた。日本政府は日台・日中関係の安定を最優先して紛争の顕在化を回避しようとし、同地への日本人の上陸を禁止した。しかし、当時の東京都知事はこれを民間から買収し、日本人を同地に上陸させて日本領であることを誇示しようと計画した。その結果、日本政府は現状維持のため、同島の買収を余儀なくされたのである。

ところが、中国はこれを「本来は中国領であり、目下係争中のものを、勝手に奪い取った」と解釈し、猛烈な抗議を行った。日本側は、政府の領有権と土地の所有権は法的に別物であって、領有権の所在は自明であり、この度は所有権が移転したに過ぎないと考えたのであるが、中国では土地はすべて国有または公有であるため、所有権の移転は排他的領有権を強調する意思表示と解釈されたのである。同地を実効支配していた日本側にとって、中国政府と世論の激発は意想外の展開であった。

たまたま、その一カ月前、韓国の李明博大統領は竹島に歴代大統領として初めて上陸し、その領有の意志を明らかにしていた。ここは日露戦争時から日本領となり、第二次世界大戦後に韓国が実効支配を始めた後も日本が領有権を主張し続けてきた係争地であった。このため、日本の世論は韓国側の新たな行動に急激に硬化することになった。

この踵を接して生じた案件は、日本側では、隣国が領有権という誰もが敏感な問題について、それまでの慎重な態度を改め、敢えて紛争を提起したように受け止められた。一般に、領有にせよ、所有にせよ、土地問題は誰かの得点はそのまま相手の失点となるというゼロ・サムの性質を持ち、したがって妥協が難しい。

二〇一二年、日本と二つの隣国は、この処理の困難な領域に踏み込んだのである。かつ、中国はその後、尖閣の海域に数多くの公船を送り込み、日本側への威圧、時には威嚇を行いだした。砲撃に直結するレーザー照射すら行ったこともある。この展開は、戦後長らく軍事衝突から身を遠ざけていた日本にとって、状況認識の転換を迫る事件であった。政府は自衛隊の増強、さらにその活動範囲の拡大を図り、世論は渋々ながらそれに追随し始めた。戦後日本は平和憲法を持ち、隣国と異なって、実際にも七十年にわたって戦争をしてこなかったのであるが、その前提が外国側から覆されかねない事態が生じたのである。世論が硬化したのは言うまでもない。

中国は南シナ海でも同様の威嚇的な領有権主張を始めたが、それは中国国内では大国化に伴う当然の国威発揚行為であると受け止められている。これに対し、日本での危機感は深刻で、国内には被害者意識が瀰漫して、週刊誌には「嫌中憎韓」の記事が溢れるようになった。中には「弱き市民」が敢えて街頭に出て、「ヘイト・スピーチ」を繰り返すという事態に至ったのである。政府が憲法秩序を無視して集団的安全保障の制度化に踏み込んだのはこのような情勢を背景としている。

中国世界戦略の転換

このような東アジアの劇変は、多分に中国が世界戦略を変えたことに起因する。[4] 領海問題を掲げて近隣と衝突する相手は、日本だけではない。南シナ海でもフィリピン、ベトナム等と紛争を起こしている。二〇一二年秋に中国共産党の総書記に選出された習近平は、「中国の夢」を国家目標として掲げた。日本や西洋に侵略された「近代」を克服し、今や本来の地位、世界の中心に復帰する時が来た。このような考えは、中国知識人の口吻からかねがね推測してきたことであるが、それを中国のトップが自ら公然と語り始めたのである。あらゆる政治スローガンと同様、「中国の夢」はいかようにでも解釈可能である。しかし、これを権力政治の平面に落としてみると、「近代」における西洋の世界覇権への挑戦、具体的にはいま覇権国を自負しているアメリカへの挑戦ということになるだろう。

アメリカを盟主とする先進国連合に対抗し、世界の「中国」に復帰する。その大目標を実現する戦略は世界の準大国と途上国を中国の下に結集することである。これは、人民中国が成立して以来とってきた非同盟諸国の結集というアイデアの延長上にあるが、今までと違うのは、中国が富裕化し、それを積極的に使う能力を獲得していることである。

ごく簡単にそれを見ると、まずあり余る資金を使って、世界金融の覇権に挑戦しようとしている。まず、二〇一四年には「新開発銀行」を組織した。これは、かねて組織に腐心してきたBRICS、つまりブラジル・ロシア・インド・中国・南アフリカが資金を供出し合い、加入国の政府が財政危機に陥ったときに救済資金を融通する組織である。IMFや世界銀行など米欧が牛耳る機関に依存せずに済ませるのが目的で、本部は上海に置かれることになった。もう一つは、「アジアインフラ投資銀行」(AIIB)である。中国の豊富な資金を呼び水に広く世界から資金を調達し、東南アジアや中央アジアなどにインフラ投資を行おうとしている。マニラに本拠を置き、日本が歴代総裁を出してきた「アジア開発銀行」に対抗する組織であって、中国が事実上その経営権を握るだろうと言われている。いずれもアメリカを中心とする世界の国際金融秩序への挑戦に他ならない。世界銀行やアジア開発銀行だけではいま膨張を続ける開発途上国の資金需要を満たすことが難しいため、歓迎されるはずである。以前から中国はアフリカにかなりの投資をし、成功を収めてきた。その拡大版と考えてよいだろう。ただし、歓迎される理由には現地のエリートへのリベイトがある。融資が中国国内と同じタイプの腐敗の輸

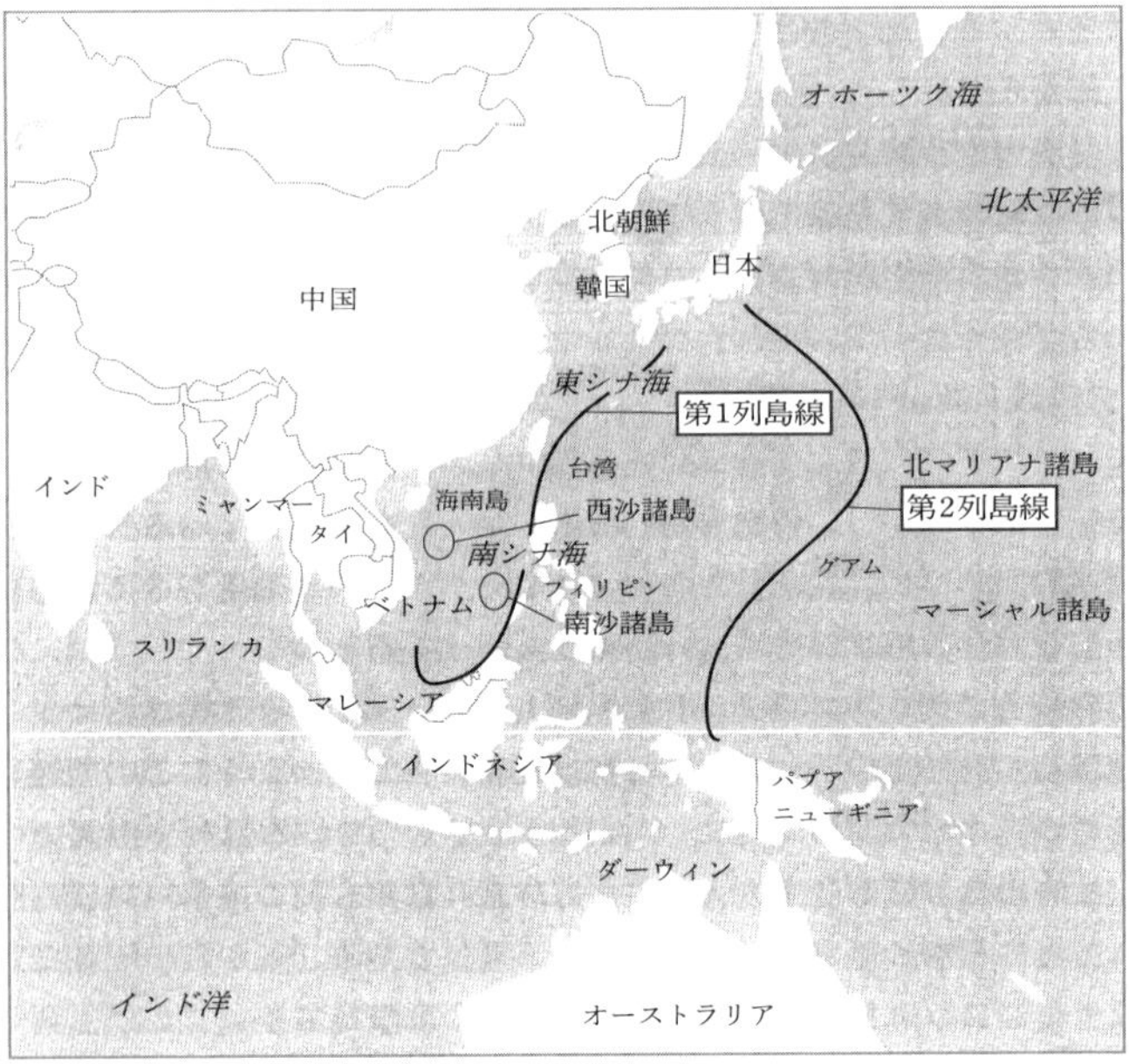

図7－5　第1列島線と第2列島線

出とならない保証はない。

他方、中国は近隣に対しては軍事的な覇権を振りかざし始めている。それは海洋戦略に著しい。眼の前に見えるのは尖閣や南シナ海での軍事威嚇と資源独占の動きであるが、その背後には、長期的な戦略転換があるという。[5] 図7－5に示した第一列島線と第二列島線がそれである。日本の九州から台湾沖を経て南シナ海に至る第一列島線の内側は中国の優位が築かれるべき海域で、本土の安全と石油確保だけでなく、台湾の併合が最大の課題である。アメリカ海軍の排除と日本などの隣国の牽制がその直接の狙いとなっている。第二列島線は東京湾の出口から南下し、グアムなどのアメリカ領北マリアナ諸島の西側を通ってニューギニアに至る。太平洋の西半分に中国海軍を進出させ、アメリカに対抗するのが目標らしい。二〇〇七年に中国海軍の将官がアメリカ太平洋艦隊の司令官に「太平洋の東はアメリカに任せるから、西半分は我々によこせ」と語ったという証言がある。(6) 軍の一部の構想であるが、今の中国政府が同様の長期戦略を採用していないという保証はない。

中国の発展の糸口を切り開いた鄧小平は「韜光養晦《とうこうようかい》」をモットーとした。彼の堅実な発展戦略が成功を収めつつある今、中国はそれを捨て、露骨な覇権戦略を追求し始めたかに見える。当然、やり過ぎへの批判が生ずるに違いないが、これが変化することは長期的趨勢としてはないだろう。

以上、近年、東アジアの各国が経験した地位と国家戦略の変化を観察してきた。本論考の主題は「歴史認識」問題であるが、日本人がこれに適切に対処するには、「驕らず、無視せず、過度にへりくだらない」ことが必要である。問題は以前より困難になっているが、それに冷静に処するため、敢えて近年の形勢を解説した次第である。

四　「歴史認識」はどのように問題化されてきたか

はじめに述べたように、「歴史認識」とは「日本に二十世紀前半の侵略と支配の責任を問う」という特定の政治的な問いかけである。日清戦争により日本は中国から台湾を奪って植民地とし、近隣に領土を拡げて支配した。その中には、長い歴史を誇る朝鮮も含まれていた。その事実は一九四五年に大日本帝国が崩壊し、その支配から解放された後、近隣の民の間に苦い屈辱の記憶として刻まれている。この不当な支配を糾弾し続け、恨みを晴らしたいという人もまだいるが、世代の交代を経た今、実際には、日本人が率直に過去の行為を認め、遺憾の意を表するならば、むしろ仲良く一緒に未来を切り開いてゆきたいと望む人の方が多くなっている。

「歴史認識」問題は、実は、地上のいかなる国にも存在する。隣国との間の悲惨な過去、戦争と支配・被支配の記憶はどの国にもあり、潜在的・顕在的な緊張を生んでいる。近代の歴史だけでなく、古代も問題化することがあり、韓国と中国の間の「高句麗はどちらの国のものか」という論争もその例である。

しかしながら、東アジアでこれが深刻な政治問題となっているのは、日本と韓国・中国との間のみである。「日本人は、その代表たる日本首相は、これをどう認識し、責任を取るのか」、「日本は義務教育でどのようにこの問題を扱っているのか」。実のところ、こうした問題設定をしている韓国・中国での歴史認識、政府の世界観と歴史教育のあり方、それ自体も、この争いに深く関わっており、真の和解に至るにはその解明も不可欠である。しかし、現在までこの問題はまともに取り上げられて来なかった。したがって、以下では、もっぱら日本に関する「歴史認識」問題が、どのような形で争点化されてきたのかを解説する。[7]

隣国による認識への無関心

日本と隣国との間で、日本人の「歴史認識」が問題化したのは一九八二年のことであった。それ以前は各国とも、政府・民間を通じて隣国がどんな歴史観を持っているのか無関心だった。各国それぞれ、厳しい冷戦の中で自国をどう維持し、発展を図るかで精一杯であり、他国の過去認識を問うゆとりはなかったのである。実は戦前にも、「歴史認識」が争点になったことがあり、その場合は、いまと逆に、日本政府が中国の「反日」教育に抗議をしていた。(8) しかし、それは日本の敗戦とともに雲散霧消した。その後、一九六五年の日韓、一九七二年の日中の国交回復に際しては、日本による過去認識は重要問題の一部をなしていたものの、公式の声明で詳しく述べられることはなかった。韓国も中国もそれぞれ、経済建設と世界政治の上で日本の支持を得る緊急の必要に迫られており、歴史認識まで表に出す余地がなかったのである。

また、日本の国内では、一九六五年に家永三郎教授が歴史教科書裁判を提起し、政府による教科書検定の内容と制度を争った。その中には、日本による隣国や連合国との戦争の解釈も含まれていた。しかし、これは国内問題として展開し、韓国や中国がこれに介入することはなかったのである。

教科書の国際問題化

一九八二年、日本のメディアが、文部省が高校歴史教科書の検定過程で教科書会社の原稿本から「侵略」の文字を削り、「進出」と書き換えさせたと報道した。すると、日本の国内のみならず、韓国・中国の政府からも強い批判が湧き起こった。いま、日本史にその事実はなく、世界史では一部にあったことが判明している。ただ、ここでの問題は、それまで日本の歴史教科書に無関心だった韓国・中国両政府がなぜ口を開いたかという点である。いずれにも国内的事情があったらしい。中国に関しては、当時の共産党総書記、胡耀邦が進めていた改革開放政策が国内で厳しい反対に直面していたという事情があった。(9) 彼は鄧小平の改革開放政策をさらに進めようと図り、そのために日本からの資金・技術の導入、さらに友好関係の樹立を考えていた。これは党内の保守派の強い反感を買った。同年に有名な南京大虐殺記念館が開館されたのも、その対策だったようである。教科書に関する日本への抗議も一面では国内対策と見なすことができる。

この抗議に対し、日本政府は誠実に対応した。ただちに宮沢喜一官房長官の談話を発表し、翌年それに基づいて、以前より透明化された教科書検定の基準に、「近隣アジア諸国との間の近現代史の歴史的事象の扱いに国際理解と国際協調の見地から必要な配慮がなされていること」という条項を加えたのである。中曽根内閣もこの方針を継承した。中曽根は自他共に許す国家主義者であったが、その靖国神社への参拝が中国世論を刺激するとこれを中止し、さらに「日本を守る国民会議」編の高校教科書『新編日本史』の近隣関係の記述が中国を刺激しかねない箇所があると知ると、この「近隣条項」に基づいて修正させた。これは、自民党の中に強い反対論を生み、やがて次に見る草の根市民運動、「新しい歴史教科書をつくる会」と連携した運動に展開することとなる。しかしながら、歴代の内閣はその後約二十年余、この方針を堅持してきた。その背景には、一九九七年に最高裁判所が家永訴訟に最後の判決を下し、検定制度の合法性を認める一方で、文部省による恣意的な検定を違法とする判断を示したことがあった。

「つくる会」教科書論争(二〇〇一年)

二十一世紀最初の年、大規模な歴史教科書論争が勃発した。文部省が中学校の歴史教科書について五年に一回の検定結果を発表したとき、その中に「新しい歴史教科書をつくる会」が編集した『新しい歴史教科書』(扶桑社)が入っていた。これが国内外にわたる空前絶後の論争を巻き起こしたのである。この会は、従来の教科書会社が発行していた教科書を「自虐的」と批判し、日本の次世代が「国民としての誇り」を持てるような教科書を作ろうと提唱していた。元々は民間の学者や教育者が組織した草の根運動であったが、次第に自民党の国家主義的政治家との提携を深めていった。彼らの原稿本には事実認識をめぐる欠陥が多々あったが、文部省は百三十七箇所もの訂正を求めたうえで合格させた。これに対し、日本の歴史家や文学研究者、左翼のジャーナリストたちは、その記述が内容的に偏っており、とくに近代日本の近隣への加害行為を隠蔽していると判断し、強烈な反対キャンペーンを張った。また隣国、とくに韓国のジャーナリズムも同様の激しい批判報道を展開し、政府もまた日本政府に抗議を申し入れた。

これらは文部省の合格措置を批判するとともに、当時始まっていた各地での教科書採択過程に圧力を加えようとするものであった。

八月下旬に採択結果が発表されたが、「つくる会」教科書のシェアは〇・〇四％に留まった。事実上、ゼロに等しい結果である。それまで四カ月余にわたり、両陣営の間では激しい論争が交わされ、書店の店頭でも関係書籍がうずたかく積まれていたが、この結果をみて論争は雲散霧消した。

同時に、韓国と中国からの批判もぴたりと静まった。しかしながら、両国、とくに中国ではその後も長く、この「つくる会」教科書を日本唯一の国定教科書とみなす誤解が維持され、それを批判的に語る傾向が維持された。

この事件の後、日・中・韓の歴史家たちは、数々の対話や歴史の共同研究に関与し始めた。中国や韓国の歴史家たちは、日本に「つくる会」教科書のような教科書や著作が次々に現れて、「誤った歴史認識」、すなわち自分たち（とその祖先）の被った侵略の事実を隠蔽し、その記憶を日本の次世代から遠ざけるのではないかと懸念する一方、日本の歴史家たちは、日本の子供や大人たちが二十世紀前半の日本による加害行為に無知であったり、偏った過去認識に陥ったりすることを正し、それを通じて日本と隣国との間に真の和解をもたらそうと考えたのである。その結果、当時四十―五十歳代であった東アジアの歴史家たちは、国境を越えて往復し、率直な議論を交わすようになった。互いに友人となった人々も少なくない。その主な成果は次節に記す通りである。

首相靖国参拝問題（二〇〇五年）

次に論争を呼び起こしたのは日本首相の靖国参拝である。[10] 靖国神社は幕末以来、日本帝国のために戦って亡くなった死者を祀るために創建された神社であり、第二次世界大戦後政府との関係を解いて宗教法人となっていたが、一九七八年に神社と厚生省の一部の合意によって秘密裏に極東軍事裁判のA級戦犯を合祀していた。A級戦犯とは日中戦争から敗戦に至る時期の戦争指導者たちの一部である。二十一世紀初頭に首相となった小泉純一郎は繰り返し、この靖国神社へ参拝した。その理由としたのは昭和の戦没者への慰霊であったが、参拝は合祀されたA級戦犯への慰霊にもなる。これは国家の指導者による靖国参拝を控えるように求めてきた中国・韓国両政府の神経を逆なでする行為であった。首相はあくまでも戦没者慰霊だと言い張り、中韓両政府が反対すればするほど、熱心に参拝を続けるようになった。小泉は世論操作を重んじ、その統治は国民の耳目を集めることに依存していた。しかし、日本の世論がこれを全面的に支持したわけではない。二〇〇五年春に中国の大都市で大規模な抗議行動が発生し、その後、八月に小泉首相が最後の靖国参拝をしたとき、日本の世論では支持・不支持が真っ二つに割れたのである。

小泉退陣後、日本と中・韓両政府は関係修復に乗り出した。その最も重要な合意点は、歴史認識の問題をすべて歴史専門家の共同研究に委ね、政治・外交の世界から隔離することであった。

五　歴史対話の展開

二〇〇一年の「つくる会」教科書事件以来、日本と隣国との間には歴史をめぐる数々の対話が展開した。[11]それには政府同士が協議して設けた二国間共同研究と、民間の歴史家が自発的に始めた二国間・三国間対話とがあった。また、東アジアに継続的に関心を持つアメリカの学界もこの問題に深い関心を寄せて、様々な対話の機会を提供し、関係国民の和解を促すとともに世界にこの事態の展開を知らせ続けた。結果から見ると、政府間の対話はうまく機能せず、民間での努力はおおむね良い成果を収めたと言えよう。

政府間共同研究の失敗

二〇〇一年事件の後、日本と韓国の政府は、両国の歴史家たちを招いて共同研究にあたらせることとした。二〇〇五年事件の後には、日中の間でも同様の研究会が組織された。しかしながら、それらは成功したとは言えない。参加した歴史家たちが互いに親しみを増したならば成功と言えるが、結果は逆となったからである。

日韓の歴史共同研究は、二〇〇一年十月の日韓首脳会談によって設立が決められた組織で、その全体会議は翌年五月から六回催され、二〇〇五年六月、報告書を公刊して第一期を終了した。(12) 日本側座長は三谷太一郎（東京大学名誉教授）、韓国側座長は趙東杰（国民大学校名誉教授）で、古代（三人ずつ）、中近世（同）、近現代（四人ずつ）の三分科会が置かれた。韓国側は当初、教科書問題を扱おうと主張したが、日本側は学問的・客観的な研究を主張し、結局は歴史上の諸問題について両国での解釈の共通点と相違点を明らかにするという方針を立てて出発した。

しかしながら、第一回の全体会では、歴史をもっぱら政治的観点から取り上げようとする韓国側とそれを回避しようとする日本側との間に大きな溝があることが判明し、それは回を重ねても埋まらなかったようである。筆者は何人かの日本側参加者から悲鳴に似た告白を聞いたことがある。彼らの多くは、戦後日本における韓国・朝鮮史研究の草分けであり、日本人に決して好意的とはいえなかった時代の韓国に敢えて留学し、帰国してからは高水準の研究を発表しつつ、これまた韓国・朝鮮に好意的とはいえない日本社会に向かってその理解の重要性を訴えてきた人々であった。しかし、この共同研究は彼らをむしろ韓国から遠ざけた。韓国は研究対象ではあり続けたが、親しみの感覚は失われていったのである。

日韓共同研究は、二〇〇七年六月から第二期が再開された。この度の座長は日本側は鳥海靖（東京大学名誉教授）、韓国側は趙珖（高麗大学校教授）であった。第一期と同じく、時代別の三分科会が設けられたが、それに加えて教科書を扱う小グループも設けられ、メンバー構成もかなり変化した。韓国側はこの度は政治色を抑えるように配慮したと聞くが、日本側は逆に韓国に批判的な学者が混じることになった。そのため、会議は初めから冷ややかな緊張に包まれ、それは時とともに険しくなっていったと聞く。二〇一〇年に報告書の公表に漕ぎ着けはしたものの、次の共同研究に参加し、和解を目指そうとする人々は日本側ではもはや現われそうもなくなった。

日韓の歴史共同研究はこうして政府レヴェルでは失敗した。後に見るように、民間で成功したのと対照的である。政府レヴェルでは、いかにアカデミックな交流を目指そうとも、メンバーが自国の体面や利害を意識・無意識のうちに感じざるを得なくなるためであろう。

日中の歴史共同研究も結局は同様の結果を見た。[13] これは二〇〇六年十月における日中首脳の合意に基づいて設置された組織で、日本側の座長は北岡伸一（東京大学教授）、中国側は歩平（中国社会科学院近代史研究所所長）が務めた。日韓共同歴史研究の苦い教訓に学んだらしく、北岡座長の主張する「パラレル・アプローチ」が採用された。[14] 共通の問題を取り上げながら、双方の解釈を一致させることは目指さず、むしろ解釈の相違を互いに認識することに重きを置くというアプローチである。「古代・中近世史」と「近現代史」の二つの分科会が設けられ、その全体会合は同年十二月から年一回開かれた。当初は順調に進展したと聞くが、まとめの段階で問題が生じたらしい。当初、日中平和友好条約締結三十周年にあたる二〇〇八年に報告書を公表する予定だったが、その二年後になってようやく、まず自国語版、ついでその八カ月後に翻訳版を発表するというややこしい段取りとなった。また、研究会では発表と討論が行われていた日本の「戦後」にあたる部分が報告書では取り上げられなかった。その結果、膨大な努力が注ぎ込まれたにもかかわらず、日中の歴史家たちの間には信頼感や親しみは生まれず、継続事業もまた話題に上らなくなった。

ただし、こうした不幸な結果にもかかわらず、これらの事業は政治的にはかなりの成果を上げた。政治外交の世界から歴史認識問題を棚上げし、隔離したことである。たしかに、これらの事業が行われていた間、日本の政治家たちが隣国を刺激するような発言をすることはなかった。次に見る民間の共同研究のおかげもあって、歴史認識が政治問題を引き起こすのは稀となり、東アジアには一種の凪が訪れて、未来への楽観論が語られるようになったのである。

民間共同研究の成功

二〇〇一年事件の後、日・中・韓の歴史家たちは頻繁に往復し、会議を催すようになった。例えば、日韓歴史家会議（日本側委員長宮嶋博史、韓国側委員長李泰鎮）は、二〇〇一年十一月から年一回、ソウルと東京とで交互に研究・討論の会議を催し、現在に至っている。[15] 資金は日韓文化交流基金と韓日文化交流基金の助成に仰いでいるが、組織もテーマ設定も歴史専門家が行っている。最初は両国における史学史の確認から始めたが、その後は大きく普遍的なテーマを掲げ、最近は中国やイスラームやアメリカなどを世界の文脈で論ずることも行われている。毎回、両国での歴史研究の先達を招いてその苦心談を伺っているが、これは両国での歴史研究の実際を知るに良い機会となっている。アカデミックな交流として大きな成果を上げ、最近は若手も参加するようになった。

他方、こうした交流は著作物の公刊の面でも大きな成果を上げてきた。多くは会議で発表された論文の集成であるが、なかには通史を共同で描いた著作もある。中・韓、とくに韓国には当初、日本政府に圧力をかけて、日本による被害者という自らの歴史像を日本の歴史教科書に採用させたいという強い願望が存在した。日本の教科書制度が政府の介入を抑制していることが分かるにつれ、それが不可能なことが理解されるようになったが、それでも日本における二十世紀前半の歴史認識に注文をつけたいという願いは悲願として持続している。同時に日本側にも、この悪しき過去を次世代に伝えねばならないと信ずる歴史家たちが存在した。この両者が提携して高校レヴェルの共通教材や大学レヴェルの通史を編んだのである。

その最も有名な例が日中韓三国共通歴史教材委員会編著『未来をひらく歴史――東アジア三国の近現代史』であろう。[16] これは高校生向けの東アジア近代史の副教材である。各時代での日・中・韓各国の歴史と相互関係の概要を述べ、コラムで様々のトピックを解説している。日中韓各国語版が刊行され、韓国ではかなり売れたという。二〇一二年には第二版が『新しい東アジアの近現代史』全二巻として刊行された。上巻は通史、下巻では比較と交流を主題別に扱い、第一版の寄せ集め的な面はかなり改善された。ただし、この著作は、いくつかの問題をはらんでいる。一つは、もっぱら日本の加害行為に焦点が当てられている点である。東アジアの長い歴史の中には良い関係もあり、未来の友好関係の基盤とするにはそれも重要なはずであるが、重視されていない。また、日本以外の国については筆が鈍っている面もある。この共同研究のメンバーが、中国は政府代表、韓国は市民団体、日本は民間歴史家と、それぞれ出身を異にしているのがその背景にあったと思われる。とはいえ、事業の始まった二〇〇一年の時点では、そもそもこうした共同研究が三国の間で可能とは予想できない状態であった。三国語間の通訳と翻訳の手間・費用も半端ではない。その悪条件を押して、ともかく体系的な著作の刊行に漕ぎ着けたこと自体、偉とするに足る事業と言わねばなるまい。

共通教材の作成は、実は、日韓関係については、二〇〇一年事件より前に開始されていた。東京学芸大学とソウル市立大学校を拠点に、大学の研究者と高校の教員が十五回ものシンポジウムを開き、その成果を二〇〇七年に両国で公刊した。歴史教育研究会・歴史教科書研究会編『日韓歴史共通教材　日韓交流の歴史――先史から現代まで』（明石書店、二〇〇七年）である。製作過程で徹底的な議論を行い、どうしても意見が合わない部分は書かなかったそうであるが、両国関係の基本部分を平易に記述し、豊富な図版や人物解説などのコラムを設けているので、両国関係史の優れた入門書となっている。大学のテキストとしても使えるだろう。

他方、日中関係については教材作成は行われなかった。しかし、様々の形で共同研究の成果が公刊されている。その初期の例は劉傑・三谷博・楊大慶編『国境を越える歴史認識――日中対話の試み』（東京大学出版会、二〇〇六年）である。これは、近代に日中の間で外交争点となった問題を十二個取り上げ、具体的な史料を提示しながら解説した著作である。日中同時に公刊され、二〇一二年に至って英語版も刊行された。執筆者は日本人と国外在住の中国人に限られ、東京裁判など若干の論点は取り上げず、中国語版への翻訳にも問題があった。しかし、筆者の記憶によれば、劉傑（早稲田大学）の提唱により二〇〇一年に研究会を開始した当初は日中の研究者の間にかなりの緊張感があったものの、毎回、問題ごとに史料を提示しつつ冷静な議論を展開しているうちに、双方の溝は埋ってゆき、深い信頼感も生まれた。内容もそれを反映して堅実で客観的なものとなった。公刊時には北京で討論会が開かれたが、中国側学者とジャーナリストはこれを温かく迎え、楊大慶とアンドルー・ゴードン（ハーヴァード大学）の尽力で刊行された英語版は、近代の日中関係を考える際の基本文献として広く参照されるようになっている。

これらの試みの成功は、参加した歴史家たちが背後に国家を背負わず、一個の歴史研究者として臨んだことに起因する。無論、参加者たちが日本と韓国・中国との関係改善に強い意欲を持っており、そのために二十世紀前半の過去を正視する必要があるという観点を共有していた点も大きい。政府レヴェルの共同研究の場合、これらの条件は必ずしも具備できないのである。その点で、次の著作は対極にあるものと言えるだろう。宮嶋博史・李成市・尹海東・林志弦編『植民地近代の視座――朝鮮と日本』（岩波書店、二〇〇四年）である。これは、日本による朝鮮支配が近代化を推進したとする見方を厳しく退ける一方、民族の苦悩のみに関心を集中する韓国での主流派の解釈にも異を唱え、植民統治の下、様々の曲折をはらまざるを得なかった朝鮮民衆の生活実態を明らかにしようとした学術論文集である。筆者は、途中から彼らの研究会に参加したが、日韓両国の狭間に生きざるを得ない在日は無論のこと、両国からの参加者のいずれもが自国のナショナリズムに批判的であることを知った。そこから得た最大の教訓は、自国を相対視するとき、初めて国境を越えた深い対話が可能となるということであった。

このように、民間での歴史対話は政府レヴェルでは不可能な領域に関係者たちを導いていった。その結果、二十一世紀初頭に歴史共同研究や対話に参加した学者たちは相互に面識となり、さらに史料の批判的検討と国境を越えた知的基盤の創出という点で価値観と態度を共有するに至った。いわば、知識人たちの国際的公共圏が築かれていったのである。

しかしながら、この動きは、彼らの母国社会、そして政界からの遊離をも結果した。二〇〇八年九月、筆者はアンドルー・ゴードンの協力を得て、ハーヴァード大学に日・中・韓の歴史家たちを招き、対話集会を催したが、その時、今後は政治家たちが変な考えを起こさない限り、歴史認識問題が東アジアの平和を乱すことはないだろうと発言した。この楽観論は今日から見て、半分は妥当し、半分は誤りだったようである。現在、東アジアの国際環境はきわめて厳しい状態にあるが、その主因は領土という生々しい問題であって過去の記憶ではない。しかし、政治家たちと学者たちとの間には、各国とも深い溝が生じている。日本のみならず、韓国でも中国でも、歴史家たちは「関係改善のための処方箋は既にある、それを使ってくれれば良いのに、政治家やジャーナリズムは耳を傾けてくれない」とこぼしているのである。かつては、学者同士でも相手の意図を疑い、警戒していたことを考えると、これは進歩に違いはなく、今世紀初頭に活発化した歴史対話は国際的な公共圏を生んだ。しかし、それは自国の政界や世論からの孤立をも結果したのである。

六　今後の前進のために

現在の東アジアでは領土をめぐる対立が目立っている。しかし、その背後には隣国民に深く根を下ろした被害の記憶、および日本における忘却との間のズレと緊張が横たわっている。今なお歴史認識問題はゆるがせにできない。関係の改善も悪化もこれをどうコントロールするかにかかっているのである。[17]その際、今までは日本側のみを問題視することが通例であった。しかし、十数年にわたる歴史対話の経験からは、韓国・中国の側にも反省すべき点があることも分かってきた。結びとして、まずそれから論じておこう。

第一には、隣国の多くの人々は「日本人は無反省であり、その歴史像は歪み続けている」と思い込んでいる。これは一九八〇年代から日本国内で行われた真摯な努力を無視した見方である。歴史教科書への批判も依然よく耳にするが、そう発言する人のほとんどが実物を読んでいない。日本では、九〇年代には、従軍慰安婦問題をはじめ政府が先頭に立って歴史認識問題に取り組んでいた。関係の改善を求めるならば、こうした努力を正当に評価することが必要ではないだろうか。

第二には、隣国には歴史の解釈には唯一「正しい」ものが存在し、それは最終的には政府が決めるものだとの思い込みがある。日本の学者は政府と独立に解釈を展開し、教科書の執筆に際しても基本的には同じ態度で臨むので、公権力を通じた強制には反感を覚えざるを得ない。韓国の場合は、検定制が実際に機能し、教科書の内容に関して公開の場で激論が交わされているので、政府が決めるとは必ずしも言えない。しかし、多くの韓国人は「正しい歴史認識」がただ一つあるはずだと思い込んでいる。その「ただ一つ」の座をめぐって論争しているのである。これに対し、日本の学者の多くは相対主義者であって、解釈の多様性を当然と考え、「自分限りでは、こちらの解釈の方があちらよりは真相に近いと思う」と考えて書いている。したがって、韓国のような激論を日本の学界に期待しても、それは無理というものである。無益な衝突を回避するには、歴史の解釈法の差異を意識した方が良いだろう。

第三は、隣国民、とくに中国の民の多くが、「我が国は敵対的な他者に包囲されている」と思い込んでいる点である。加害者は二十世紀前半の日本人だけでなく、現代世界の外国人のほとんどと考えられている。いまや「追いつき、追い越せ」の対象となったアメリカがその代表であろう。しかし、アメリカは重大な局面で中国を助けたことがある。アメリカは中国の抗日戦を助けるため他の連合国とともに援蔣ルートを作った。中国からの撤兵を強いるため日本に経済制裁を課し、それが日本の対米攻撃を促した。アメリカは対日戦で甚大な犠牲を払い、日本本国を降伏させた。中国はアメリカの力によって日本の侵略から解放されたのである。現在の中国の教科書はこうした外国の援助を語らず、西洋と日本による侵略のみを語っている。中国が世界のリーダーの地位に復帰しつつある今、こうした「手負いの感覚」を国民に植え続けてよいものだろうか。

他方、日本側にもむろん問題はある。第一に、学界と政界の乖離である。民間の学者も出版社も教科書会社も歴史認識の問題に関しては改善の努力を続けてきた。国内外の環境が悪化した現在も、基本的に変わることはないだろう。しかし、政界の一部は故意に隣国との敵対関係を生み出そうとしている。選挙に勝ち、多数派を形成するため世のナショナリズムを煽ろうとし、ジャーナリズムの一部はこれに呼応している。しかし、これは国家の運命を背負うべき立場として無責任であるだけでなく、平和を愛する日本庶民の多数派の意向を読み誤っている。何とか政界と学界のコミュニケーション・ルートを築き直さねばならない。(18)

第二には、歴史教育にあたって、事件の名を憶えることより、その意味を考えるように導く必要がある。たとえば現在の教科書には日本による朝鮮支配の事実がきちんと書いてある。しかし、その意味を考えるようには仕向けていない。筆者自身、ある会議で鄭在貞氏から「我が国の歴史の一部は外国の歴史でした」と指摘されるまでは、その意味を理解していなかった。「もし日本の歴史が一部にせよ外国史の一部として書かれることになったら、自分はどう思うだろうか」。そう考えて初めて、筆者はこの苦い史実の意味を悟ったのである。もし日本人が隣国の民との和解を求めるならば、いったんは「相手の身になって、その視点から眺める」訓練をする必要がある。教科書も授業もそれを促さねばならない。次世代の教育にあたっては、こうした成熟した態度を養うように配慮する必要があるだろう。[19]

最後に、大事なことをリマインドしておかねばならない。今の日本人を苦しめている歴史記憶は、そのほとんどが生まれていなかった二十世紀の前半に生成したという事実である。七十年以上前の世界に没入することも、それをなかったことにするのも、ともに不自然である。事情は隣国の民にとっても同様で、「過去から距離を取りつつ、その事実を心に留める」態度が共有されるならば、歴史の記憶が東アジアの未来を損なうことはなくなるであろう。

註

（1）この点は中国・韓国でも全く同様である。なお、本節の記述は一部別稿と重なる箇所があることを了承されたい。三谷博「東アジア国際環境の激変——「日本の世紀」から「中国の世紀」へ」『アジア遊学』勉誠出版、二〇一五年。

（2）http://www.worldmapper.org/

（3）以下の記述は、主に同時期の『朝日新聞』、およびＮＨＫＢＳの「ワールドニュース　アジア」などの録画に基づいている。
（4）海洋政策研究集団『中国の海洋進出――混迷の東アジア海洋圏と各国対応』成山堂書店、二〇一三年。
（5）同書、六五頁。
（6）同書、一〇四頁。
（7）以下の記述は主に次による。三谷博編『歴史教科書問題』日本図書センター、二〇〇七年。三谷博「日本の歴史教科書制度と論争構図」劉傑・三谷博・楊大慶編『国境を越える歴史認識――日中対話の試み』東京大学出版会、二〇〇六年。
（8）並木頼寿・大里浩秋・砂山幸雄編『近代中国・教科書と日本』研文出版、二〇一〇年。
（9）清水美和『中国はなぜ「反日」になったか』文春新書、二〇〇三年。
（10）村井良太「戦後日本の政治と慰霊」劉傑・三谷博・楊大慶編『国境を越える歴史認識――日中対話の試み』東京大学出版会、二〇〇六年。
（11）これ以前にも、西川正雄らは一九八二年事件を機に東アジアの各国をまたぐ比較史・比較歴史教育研究会を立ち上げ五冊の論集を刊行していた。比較史・比較歴史教育研究会『「自国史と世界史」をめぐる国際対話――比較史・比較歴史教育研究会三〇年の軌跡』星雲社、二〇一五年。
（12）日韓文化交流基金のウェブサイトに経緯と報告書が掲載されている。http://www.jkcf.or.jp/projects/kaigi/history/
（13）同じく外務省のウェブサイトを参照。http://www.mofa.go.jp/mofaj/area/china/rekishi_kk.html
（14）北岡伸一「日中歴史共同研究の出発」『外交フォーラム』第二二六号、二〇〇七年五月。同「「日中歴史共同研究」を振り返る」『外交フォーラム』第二五六号、二〇一〇年四月。
（15）http://www.jkcf.or.jp/projects/kaigi/historian2013/　筆者は第一回の会議で発表者をつとめた。三谷博「遠山茂樹――『明治維新』にみる戦後日本史学」、同『明治維新を考える』岩波書店、二〇一二年。
（16）日中韓三国共通歴史教材委員会編著『未来をひらく歴史――東アジア三国の近現代史』高文研、二〇〇五年。日中韓三国共同歴史編纂委員会『新しい東アジアの近現代史』上・下、日本評論社、二〇一二年。
（17）三谷博「いまなぜ「歴史認識」を論ずる必要があるのか」ハフィントンポスト、二〇一四年八月十五日。

http://huffingtonpost.jp/hiroshi-mitani/understanding-of-history_b_5653166.html

（18）この点で、二〇一五年八月六日に安倍首相からの諮問に応じて答申した有識者懇談会の努力と結論は、いくつかの問題はあるにせよ、注目に値する。二十世紀を振り返り二十一世紀の世界秩序と日本の役割を構想するための有識者懇談会「報告書」。http://kantei.go.jp/jp/singi/21c_koso/pdf/report.pdf

（19）筆者も策定に関与した日本学術会議による高等学校での新科目「歴史基礎」の提言では、この点に注意を促している。http://www.scj.go.jp/ja/info/kohyo/pdf/kohyo-22-t193-4.pdf　なお、日本の若者が海外に留学したとき、しばしば同じクラスの隣国出身者から、二十世紀前半の加害の事実に無知だと、厳しく批判されることが起きる。自身には責任のない彼らにとって実に気の毒なことであるが、そのショックを和らげ、さらに互いの友好を育めるようにするには、予め国内で「歴史ワクチン」を打っておく必要があるのではなかろうか。

Ⅲ　啓発と模索の軌跡

一九六八年駒場——東大入学と大学紛争

駒場に新入生として入学してかれこれ二カ月ほど経った頃、見田宗介ゼミのデータを探して統計局に行き、駒場寮に帰ったら、部屋中が騒然としていた。私の部屋は法律問題研究会という名ばかりのサークル部屋で、母校の先輩たちがいるというだけの縁で入れてもらっていたのだが、普段はおとなしい人たちが口々に総長はけしからんと興奮している。大河内総長が医学部の学生処分に端を発した学生の抗議に応えるため、本郷の安田講堂で説明会を催したのだが、それが逆効果となったらしい。駒場からは自治会が沢山のバスを借りて駒場生を本郷と往復させた。あとで関係者から聞いたところでは、一九七〇年に安保反対運動を提起しようと待っていた彼らからすると、やや先走る形で東大さらに全国の学生運動が勃発したのだそうである。授業は全休止し、のちには、第一本館（現一号館）の椅子は全部外されて入り口に積み上げられ、授業再開を防ぐためのバリケードとなった。

授業がなくなると、暇になる。暇になった学生が何をするか。まずは部屋で憶えたばかりの麻雀を始める。当時はやっていた真夜中の山手線一周に突如出かける。リュックに毛布を横ざまにくくりつけて「カニ族」となり、普通列車に乗って北海道に出かける。私は何もしなかった。

夏が終わり、十月が近づいて学生がキャンパスに戻る頃になると、新聞に大学が学生側と授業再開の交渉を始めているという記事が載るようになった。朝日は見込み十分との観測を報じたが、現場にいる人間にはそうは見えない。駒場には様々の新左翼が入り込み、様々の色のヘルメットにタオルで覆面し、角材を手にした若者がキャンパスを闊歩している。要所要所には、ハンドマイクを手に語尾にアクセントをつけて伸ばす新式の語り口で絶叫している人がいる。聴衆はもっぱら仲間だけで、通りがかりの凡人には何を語っているのか、分からない。

夏の前か、後か、忘れたが、時々、「教官」たちと「学生」の「大衆団交」が開かれた。医学部教授会の不適切な学生処分が祟って、「教官」たちは初めから被告席に立たされていたのだが、その受け答えは概ね自信なげで、「学生」の居丈高な追及の前にしどろもどろだった。中には、当時の野上学部長のように、処分の不適切を認めながらも、学問を続ける必要を毅然として語る人もあったが、多くの「教官」はその場に現れないか、迎合的な態度をとることが多かった。追及している学生は無論のこと、取り巻いて見ている学生から見ても、みっともない光景である。真っ向から反論する「教官」の方がむしろ尊敬されていた。

秋も深くなって、全共闘の主張はついに「大学解体」に行き着いた。日本の大学は資本主義に奉仕する権力の一部に成り下がっていて、自分たちも卒業後はその中に組み込まれ、庶民を抑圧する存在になってしまう。革命の端緒として、いま自分がいる大学から壊してゆこう。ざっとこんな主張だったが、部屋の先輩に「東大を壊してからどうします?」と聞いたら、「京大に入るのだ」との答え。「京大に入ったらどうするんですか?」と聞くと、「京大も解体するのだ」と返ってきた。誰もそうはしなかったが、東大の紛争は日大のそれとともに全国に伝染したのだから、結果は似たようなことになった。

その頃、本郷に史上初めて警察の機動隊が入った。大学はたとえ国立であっても政府とは独立で、「自治」を行う。これが伝統であり、政府も認める慣行であった。駒場の場合は、第一高等学校の後進だけあって、とりわけこの「自治」に誇りを持っていた。かつて一高の寄宿寮は学生の手で運営され、そのキャンパスは外部者が立ち入れない「聖域」だった。女性の立ち入りも年一回の記念祭に親族だけが許される慣行だった。二・二六事件の年、代々木連隊の一個小隊が炊事門から北門に通り抜けた時、寄宿寮委員会は猛然と抗議し、その結果、連隊の副官が校長室を訪ね、そこで謝罪をするということがあった。こうした伝統が「自治」の内部崩壊でできなくなった。私はそれを本郷の現場で目撃することとなった。

年末になると、大学側の紛争収拾への動きが活発化する一方、キャンパスの中では新左翼をはじめ様々のセクト同士の暴力行使が頻繁となった。共産党系の団体が主催して駒場寮の食堂で開かれた集会には、新左翼のヘルメット部隊が乱入を図り、それを防ごうと椅子が次々と入り口に投じられて、見る見る山となった。乱入者は諦めて引き揚げたが、中には逃げ遅れて捕まえられ、股間を足蹴にされる者もあった。見かねて止めさせたが、彼らは解放されたわけでなく、後日、寮の便所に行くと、針金で手足を縛られて連れてこられていた。別の日には、あるセクトの一階の部屋に別のセクトが夜襲をかけた。防禦側は二階に駆け上がり、窓から下にいる攻め手に鉄製の椅子を投げつけた。この時も、攻め手が退去する途中、一人がゲバ棒の一撃で昏倒した。防禦側は気絶した彼を踏みつけながら追撃してゆく。幸いなことに、私が駒場にいた間は死人は出なかった。

お正月明け、駒場寮の屋上でストライキ解除のための集会が開かれた。その夜は大規模な攻防戦になりそうだったので、私は山手通りの向かい側の路上に立って一夜を送った。周りを見ると、路地で私服の警官たちが若者を捕まえ、殴ったり、蹴ったり、袋だたきにしている。その一人がいきなりやってきて胸ぐらを摑まれた。すぐ解放されたが、お巡りさんも結局同類と思った。おかげで発熱し、安田城攻防戦は夢うつつだった。

定年の辞をと思ったが、書くべきことが思いつかない。謝辞は去年刊行した拙著『愛国・革命・民主』に記してある。仕方がないので、駒場史の一断面を記して責めを塞ぐことにした。歴史家の常道に反し、一切当時の記録を見ていない。記憶の誤りがどんなものか、テストするためにも使っていただくと、幸いである。

並木頼寿さんの思い出

一九八八年四月初め、駒場（東京大学教養学部）着任の辞令をもらうため、旧一号館二階の学部長室の入り口に並んでいたら、顔見知りの顔があった。並木頼寿さんである。隣に白面の青年がいて、学生みたいなこの人は誰だろうと思ったが、それは村田雄二郎さんだと分かった。当時の学部長は毛利秀雄先生で、生物学がご専門だったが、維新史ゆかりの方かもと、やや緊張したのを憶えている。

並木さんを初めて意識したのは、学習院大学の史学科が催した非常勤講師歓迎会の席だった。中華料理の丸いテーブルに着いて、周りの人と話し始め、互いに自己紹介をしたら、東海大学から出講している、中国近代史が専門で、東大東洋史の出身だということだった。歳は私よりやや上のようだが、そう言えば、何となく、駒場の学生だった頃、駒場寮の入り口あたりで見かけたような憶えがあった。

当時、私は学習院の女子短大にいたのだが、四年制の文学部史学科にも非常勤で出講していた（ちなみに、私は短大に九年間勤めてから東大に来たという珍しい経歴の持ち主である）。史学科には井上勲という、同じ東大国史学科の先輩で気鋭の維新専門家がいたのだが、史学科は気前よく、駆け出しの私にも同じ分野の授業をさせてくれた。院生時代に私は明治期の東京大学について社会史を研究していたのだが、短大に着任してからは、勉強がてら幕末史の講義を始めていたのである。

テーブルでどんな話をしたか、無論、憶えているわけがない。ただ、一つだけ鮮明な記憶がある。それは、明治維新では、「開化」「進歩」以前に「復古」や「世直り」という象徴が重要な役割を果たしたが、それは普遍現象ではないかと話したところ、並木さんが直ちに肯定してくれたことである。こんな話をしたら、人によっては今でも奇矯な暴論と考えるかもしれない。酒の席とは言いながら、随分と思い切った発言をしたものだが、並木さんは悠々と受け止めてくれた。聞いたら、太平天国などの中国の民衆宗教反乱の研究者だということだった。彼にとっては熟知の現象だったのである。一九八〇年代初期には、まだまだ公式主義的な歴史解釈がはびこっていたのだが、彼はそうしたものには全くこだわっていなかった。この時か、別の機会だったか、忘れたが、学習院の非常勤講師歓迎会では、駒場から出講されていた長崎暢子先生にもお目にかかった。のちに同僚として再会する前に、その主著の一つ『インド大反乱』を読んでいたのは、そのご縁である。

職場が駒場に変わった一年後、研究室が第一研究室（いま図書館がある場所に農学部時代からの寮の建物があり、研究室に転用されていた。冬にはガスストーブで暖房したが、すきま風が入るのでガムテープで目張りをした）から、今の十四号館に移った。並木さんの研究室は隣になった。隣になったからといって親しくなるとは限らないが、それから二十年、何度、そのドアをノックしたことか知れない。

いつからそうなったか、よく憶えていない。親しくなったにはいくつか機縁があったに違いないが、はっきり憶えているのは、二〇〇〇年に並木さんが北京日本学研究センターの日本側主任教授として赴任していたとき、多分九月だったと思うが、その宿舎を訪ね、一週間ほど居候させてもらったことである。私が中国を初めて訪ねたのは一九九五年の十一月であったが、五年後の中国は見違えるようになっていた。並木さんの宿舎は以前からと同じく、人民中国の成立直後、ソ連からの「専家」の宿舎として建てられた堂々たる友誼賓館の一廓にあったが、以前とは違って、インターネットが使えるようになっていた。実を言うと、彼は私のパソコンの先生で、ワープロ専用機を買い換えようとしたとき、これからはパソコンの時代だと唆かされて、まだMS-DOSの時代で性能は貧弱なくせにべらぼうな値段のしたパソコンを買わされた。その後はオタク的競争の世界にはまり、いろんなＯＳやアプリケーションを試したり、多言語環境の構築を試みたりしていた。二〇〇〇年秋の北京では、彼はディジタル・カメラを持ってきていて、それで撮った子供さんたちの写真を、キャノンのコンパクト・プリンタで印刷し、大きな額に収めて机上に置いていた。「諒くん・萌ちゃん」。その顔のうれしそうだったこと。最新技術の採り入れに先を越されたという悔しさとともに、よく憶えている。

北京日本学研究センターは、当時、発足して二十年で、並木さんは中国側の主任徐一平氏、日本側助手の川島真氏とともに、記念行事の準備や新図書館の建設に忙殺されていた（インターネット上に離任前の対談記録がある。http://www.peopleschina.com/maindoc/html/zhuanwen/zw18.htm）。日本から客員として赴任していた十数名の教授たちの世話や、中国側の事務方との折衝などといった、骨の折れる日常業務をこなしながらだったので、大変だったに違いない。資金を提供していた国際交流基金や、新築を請け負ったODA事業の会社との折衝のため、日本とも度々往復したと聞いている。

その過労やストレスのせいだったのだろうか、並木さんは、帰国後の検診で肺癌にかかっていることが判明した。夏休み前の一日、身体に全く異常を感じないのに医者に手術せよと言われたと、いつもどおり穏やかながら、不条理千万といった面持ちで告げられた。確かに顔色はつややかで、どこにも重病の影はない。こちらも突然のことにびっくりし、どう答えて良いか分からなかったが、入院したら学部との連絡役を勤めてほしいと頼まれ、無論、即座に引き受けた。

入院したのは新宿西口の東京医科大学附属病院で、手術の前も後も、週一回、彼のメイルボックスに入っていた書類を持って訪ねた。先行きが全く分からない暗澹たる状態の中に二人ともあったが、毎度、ともかく見かけだけでも元気そうなのは良かったと呟きながら、病院を後にしたことだった。手術後、一度奥様に電話し、容態を尋ねたが、予想以上に癌が進行していて、危ないところだったと伺った。幸いに回復に至ったが、その後も長い間、奥様はじめご家族は心配が絶えなかったに違いない。彼はヘビー・スモーカーだったが、もし前年秋の帰国中に健康診断を受けていたら、ずっと早く癌が見つかって、こんな辛い思いをすることもなかっただろうにと悔やまれてならない。

手術後、並木さんは時々、左胸にできた空洞に体液が溜まったようでかなり痛むと漏らした。後で伺うと、手術の時、肋間神経を傷つけられ、それが強い痛みを引き起こしていたらしい。ただ、回復は遅遅としてはいたものの、彼は少しずつ健康を取り戻していった。五年後には完治の宣言を受け、日常生活に復帰して、以前どおりの忙しい日々を送るようになった。研究室を覗こうとすると、金曜夕方には必ず院生や同学のはしゃぎ声が聞こえて来るし、階段脇の談話室でも大人数の学生たちとの楽しそうな語らいを見かけた。私といえば、大小さまざまの問題を持ち込んでは相談に預かってもらった。やんちゃな弟がしょっちゅう、時を構わず、兄貴に相談を持ちかけるという塩梅である。誰も研究室にいないときノックすると、椅子に座ったまま、ついたての端から顔を出し、にこにこしながら「やー、いらっしゃい」。やおら、独特のゆらゆらした足取りで入り口に近づき、「ま、お茶を一杯」。香り高い中国茶を急須に入れながら会話が始まる。すぐ用件を終えることもあったが、次の来客があるまで一時間以上も話し込むこともあった。今から思うと、彼からかなりの時間を奪っていたのだが、双方とも楽しんでいたのは間違いない。私にとっては、問題を別の角度から見直したり、緩急を考える良い機会であった。何よりも、戸口を出るときには安心と爽やかな心持ちがあった。五〇八Bの亭主とそのお茶のそうした思い出は、私ばかりでなかったに違いない。

二〇〇五年の四・五月、ソウル、ついで北京・上海などで、青年たちによる反日デモが発生した。これが日本に飛び火し、メディアや街頭での運動が始まったら、取り返しのつかない憎悪の悪循環が発生すると気が気でなかったが、幸いに日本では、嫌韓・嫌中の感情が生まれたものの、爆発には至らず、くすぶる程度に留まった。この間、並木さんとしょっちゅう意見交換していたはずだが、よくは憶えていない。ただ、はっきりしているのは、騒ぎが収まってから、本を作ろうと相談し、即座に賛成してもらったことである。大日本帝国の崩壊後、六十年も経ってからこうした異常事態が起きるのはゆゆしいことだ。先方にも問題があるのだろうが、それに我々が手出しできるはずもなく、騒ぎ立てるのも賢明でない。できるのは日本人の側が東アジアの歴史記憶の問題に適切に対処できるよう、歴史の専門家として詳しい知識を提供することだけだ。今まで、日本には日本内部から見た戦争史や日中・日韓の二国間関係史はあったが、東アジア全体を通観し、かつ相手側の視点も理解可能にするような書物はなかった。少なくとも日・中・韓三国を束ね、貫くような近代史、世の大人が読んで判断の支えにできるような『大人のための近現代史』を提供できないだろうか。これが私の提案であったが、並木さんは即座に「素晴らしい」と応じ、直ちに二人で人選をはじめた。

手分けして日・中・韓の十九世紀を専門とする歴史家たちに集まってもらい、年末には最初の研究会を開いて全体の構成を決め、翌年から順を追って原稿の検討会を開いた。はじめはかなりの緊張感があったので速いスピードで進んだが、政治的緊張が和らぐとともにペースは落ち、メンバーも他の仕事に追われて、なかなか進まなくなった。並木さんも専門の中国史で幾つもの出版企画に追われるようになった。情けないことだが、いざとなるとこのような国境を越える企画は国単位に構成された学会の論理に陵駕されてしまう。二〇〇七年の夏から一年間、私は十年ぶりにサバティカルをもらってHarvardに出かけたが、その前に原稿を集めることはできなかった。

二〇〇八年夏、帰国間近になった私のもとに、同僚から並木さんの具合が悪いという知らせが届いた。再発か、これはいかん、と思ったが、本人に尋ねる術もなく、できることもない。ただ気をもむばかりだったが、秋に帰国後、彼の部屋で率直に尋ねた。彼はきっぱりと「大丈夫」と微笑みながら答えた。亡くなった後で奥様から伺うと、胃のあたりの発見が難しい部位に、前の癌とは無関係に癌が発生し、よくよく検討した結果、手術を断念し、薬だけで対処することにしたとのことだった。彼はもはや遠からぬ死を覚悟し、ご家族以外には周りの誰にも心配をかけぬよう、すべてを隠し通したのである。あとから振り返ると、私が帰国した後に接した並木さんは、前にも増して優しい人になり、いつも微笑んでいた。激しい痛みを押し隠してである。

冬が過ぎ、春になった。『大人のための近現代史　一九世紀編』の原稿が最後の段階で集まらない。Harvardにいた間、諸先生からいただいた原稿に手を入れ、素人に読みやすい文章に直す作業をしていたが、なかなか残りが集まらない。帰国後、並木さんにぼやいていたら、この遅延を利用して、当初は計画になかった近世の日本と琉球に関する章も加えてはどうかという話になった。確かに「東アジア地域史」という以上、これらがあるのは当然で、怪我の功名でこの本はよりバランスが良いものとなった。この頃、並木さんは他の企画にも追われていて忙しく、かつ研究室に出勤する日も少なくなっていた。それでも担当の章について細かな疑問点を質すと、丁寧に答えてくれ、以前にいただきながら見失ってしまった参考文献の情報をまた提供して下さった。残りの原稿については、日頃多忙を極めている川島真さんが大奮闘してくださり、全部が揃った。奇跡のようだったが、ともかく七月には各章に掲げる挿絵を探す段階に到達した。

七月末のある日、例によって研究室のドアを叩き、並木さん執筆の章の挿絵について相談した。彼はやおら中国で刊行された紺色の表紙の薄い本を取り出し、その頁を繰っていって、いくつかの手書きの挿絵を見せてくれた。章の主人公曾国藩の娘、曾紀芬の自叙伝である。彼女の略歴はその章に記されているが、清末の大官の家に生まれて、実業家と結婚し、海外にも学んで、晩年にはクリスチャンとなった彼女は、中国の新たな時代を象徴する女性として、並木さんには格別の存在だったようである。「いずれこれを翻訳して、世に紹介したい」、「それはいい。僕もぜひ読みたい。僕も隠居したら、ぜひ世に出したい史料があるんだ」、「これはとても面白い本なんだ」。手ズレのある、いかにも希覯本らしい本をぱらぱらめくりながら、彼はある挿絵を探し出し、予め用意していたそのフィルムをくれた。曾国藩が娘に大きな地球儀を見せている場面である。紀芬は若い青年、兄か家庭教師だろうが、その説明を聞きながら、熱心に眺めている。曾国藩はゆったりと腰掛けて、末娘を見まもっている。丁度、あの優しい並木さんのまなざし、そのままに。

佐藤誠三郎先生語録

一九六八年の秋、東大紛争が行き詰まりを見せ始めた頃、駒場の一年生だった私は松島茂氏が幹事であった読書会に参加し、それが機縁となって佐藤誠三郎先生のゼミに加わることになった。

時期については全く憶えていない。春の紛争勃発時に「怒り損ね」た私は、駒場寮の同室にも、文三のクラスにも、入学時に入れてもらった見田宗介先生のゼミにも、話し相手が見つからず、寮の中で社会学や科学哲学や西洋古典の読書に日を送っていた。たまたま、銀杏並木の掲示板にマックス・ウェーバーの『プロテスタンティズムの倫理と資本主義の精神』の読書会の張り紙を見つけ、出席することにした。高校時代、大学に入ったら読みたいと枕元に置いていたものだが、一人で読むのは億劫で、これ幸いと出てみたら、折から流行中の折原浩ばりでなく、辛口な読みだったのが性にあったようで、続けて出ることになった。これが佐藤ゼミの面々、一級上の舛添要一、北岡伸一、同級の松島茂、渡辺博史、山本繁太郎（いずれも文一）といった方々と出会ったきっかけである。

その後、このグループは、舛添氏を中心にスト解除運動を始めた。私もそれに加わったが、生来、政治運動には向いていないようで、ものの役には立たなかった。佐藤先生は当時加藤総長の補佐として、紛争終結の画策の中心におり、このグループはその別働隊だったわけだが、私がそれを知ったのは、迂闊千万なことに、ずっと後のことであった。

ともかく、私が佐藤先生に初めてお目にかかったのは、紛争が事実上終結した春近く、山手通りに面した喫茶店で開かれた読書会の席だったのではないかと記憶する。快活かつ歯切れ良く、一見シニカルな表現に明るい展望を湛えた語り口に魅了された。キャンパスを飛び交っていた空疎な言葉、理想を口実に平気で暴力をふるう所行に心底痛めつけられていた私には、大きな救いだった。

六月に授業が再開されてからは、本郷に進学するまでずっと先生の一般教育演習に出席させてもらった。初めは日本語の本が課題で、新書なら一冊を一週間、少し堅い本なら三週間ほどで読んで、毎回全員、A４一枚にその内容を図にまとめ、討論するのが課題だった。メンバーは遠慮なく持説を述べ、活発に議論を展開したが、のち、北岡氏らが編集した『「死の跳躍」を越えて』の第二版に載せられた先生の論考によると、これは丸山真男先生直伝のゼミ運営法だったようである。無論、先生ご自身の好み、そして紛争直後の雰囲気も手伝っていたに違いない。議論が延びても中断しないよう、わざわざ金曜日の最終時間帯を選んで下さったということであった。

後半の学期には、ケネス・ボールディングのペーパーバック、*Conflict and Defense* を読んだ。最初の回に課題を聞いて怖じ気づいたが、それまで丁々発止の議論をしていた面々に後れをとるのはいやなので、敢えて出席を続けた。紛争とその解決を様々な数理モデルで解説した本で、一週間に四十ページを読む必要があった。しかし、数式をミニマムに抑え、図解を中心にした本だったので、お終いまで続けることができた。学生の力にピタリと合う先端的著作を選んだ先生の慧眼、恐るべしである。無論、その背後には、当時黄金時代にあった駒場の社会科学科の同僚たちの相互協力があったに違いない。

おかげで、私は、英語の本を読むことに気後れを感じなくなった。また、維新史研究の必要から三十年あまり後に複雑系を勉強した時、この経験が支えとなった。どれほど、この演習のスパルタ教育が役だったか、計り知れない。それも時間が経てば経つほど、その恩恵を実感するようになっている。

教養教育は、長期的な観点から見ると、専門教育より重要である。専門知識は時代を追って新陳代謝するが、若い時に身につけた情報への接し方、こなし方、議論の仕方は一生ものになる。のち、ジョゼフ・ナイが同様の回想を語っているのを読んで、やはりと再確認した。世界一流との定評があるハーヴァードでの学部授業を聴講したことがあるが、先生は無論、中村隆英、見田宗介らの諸先生が開かれていたゼミは、これに優るとも劣らないものだったと断言できる。

とはいえ、後年、教師として駒場に戻ってきた私が、先生と同レヴェルの教育ができたかというと、いささか心許ない。駒場の教師を本郷より劣る存在とは全く考えず、誇りを持って仕事をしてきたものの、学生に対し先生ほど強い負荷をかける勇気はなかった。また、文科生全員が履修する基礎演習という必修科目ができたため、もっと控えめな要求しかできなくなった。もうすぐ定年を迎えるが、この面では先生に合わせる顔がないように感じている。

大学紛争当時の日本には、いくつか一騎当千のメンバーが集結していたゼミがあった。東大では佐藤ゼミと衛藤瀋吉ゼミ、京都では高坂正堯ゼミである。いずれも、現実主義者として強い風当たりを受けていた先生たちが主宰していたものだが、後から見ると、当時学生だった人々は、新左翼系の人々がややもすると時代迎合的な人生を送ったのと比べ、主張の如何を問わず、いずれも芯の強い、その点で信頼のできる仕事をしてきたように見える。その一員であったことを、私は誇りに思っている。

以下では、折々に佐藤先生が口にされ、私の印象に刻まれた言葉を紹介し、その面影を偲びたい。

「東大生は雑巾と同じだ。絞れば絞るほどよくなる」

これはもう解説不要だろう。

「東大は三流大学です」

先生は、私の学部四年生の頃から大学院一年までの二年間、ハーヴァードに在外研究に出かけられた。帰国を心待ちにし、大蔵省その他に就職していた同窓たちと歓迎会を開いたが、その第一声がこれである。

二流というならまだ分かるが、三流とはと絶句した。無論、これは先生一流の挑発的な物言いで、世界一流をめざすべしとの激励の言葉だったに違いない。東大関係者は今でも「日本ナンバーワンで良し」とする自惚れと自閉を免れていないが、その夜郎自大を打破し、世界のトップをめざすべしと促す頂門の一針であった。

とはいえ、どうして世界一流と言えないのか。いま思うと、それは我々の学問がとどのつまりは輸入学問だということに尽きるだろう。いま日本の大学で西洋の書籍の参照を禁じたら、最低で二・三年は休講せざるを得なくなるはずだが、例えばハーヴァードでは日本人著作がなくても日本研究者以外は何等痛痒を感じないはずである。先生はハーヴァードで世界一流の学者たちと対等に議論を展開し、さらに明治維新の比較研究をアルバート・クレイグ氏と共に編集・出版するという、当時の日本人としては快挙というべき仕事を成し遂げられたが、我々にはこれは良い目標となった。のち、公文俊平・村上泰亮両氏と共著で『文明としてのイエ社会』を出版されたが、後から見てその問題設定が妥当だったか否かはさておき、欧米追随を拒否して独創をめざすという気迫は私にとって良い模範となった。

この時、我々の一人がハーヴァードでどの先生が一番印象的でしたかと聞いたところ、「デイヴィッド・リースマン」との答えが返ってきた。当時『孤独な群衆』の翻訳で日本でも有名だった社会学者である。私はてっきり「スタンレー・ホフマン」などの先鋭な理論家の名前が出るかと期待していたので、面食らった。今のところうまく説明が付かないが、まず確かなのは、「何にでも好奇心を持ち、問い続けて止まない」精神に共感したことだろう。しかし、かねて丸山先生に接してそうしたタイプは熟知していたはずで、ハーヴァードにはそんな知的貪欲はありふれていたに違いない。すると、なぜリースマンかと問いは振り出しに戻るが、ひょっとしたら、彼は日本とそこから来た学者（佐藤先生）にとくに強い関心を示してくれたのではないだろうか。

もう一つ印象的だったのは、あるパーティーで侃々諤々と議論していたところ、知らぬ間に話がフランス語に切り替わってしまい、置いてけぼりにされたというエピソードだった。欧米の学界は一体であって、日本人は英語で交わるだけで精一杯。現代ではそうと限らないが、一九七〇年頃はそう痛感しても不思議ではない世界があったようである。

のち、私自身がハーヴァードに滞在した折り、クレイグ氏に先生の印象を尋ねたところ、「極めて礼儀正しい人で、くだけた感じの丸山さんとは対照的だった」との答えだった。無礼な者とは話もしない方だったのは確かだが、学生として接した印象とかなり違ったので、意外だった。ひょっとしたら、先生には「日本を背負う」という意識が強烈にあって、それがこんな印象を遺したのではないだろうか。

さて、冒頭の発言を聞いた我々は、これを、英語をはじめ外国語をマスターし、海外に出て世界のトップを相手に仕事をすべし、東大の学生である以上それが当然だというメッセージとして受け取った。学者の道を選択した人の中では、舛添要一氏がフランス研究、北岡氏と私が日本研究、森山茂徳氏が日韓関係研究に進んだが、結局は全員が海外がらみの仕事をするようになっている。北岡氏が外交史を選び、新渡戸フェローに選ばれた後、国連大使ほか学問と政治の接点で仕事を続けているのは周知のことだが、初めは明治日本の社会史をやっていた私まで、米欧や中韓などの学者たちとの共同研究を仕事の柱とするようになった。佐藤先生の磁力たるや、恐るべしである。

「中国の政治家は普通の人です。権謀術数を心配する必要はありません」

我々が三十代半ばになった頃、佐藤先生のお宅で、二カ月に一回ほど読書会を開かせていただいた。仕掛け人は伊藤隆先生で、これまた後から気づいたのは、両先生や中村隆英・渡辺昭夫・坂野潤治三先生が始められた年報『近代日本研究』（山川出版社）の第二期十年を我々に引き継がせるための準備だったらしい。集められたのは、北岡伸一、御厨貴、坂本多加雄、佐々木隆、阿部武司の五氏と私で、不肖、私が連絡役を勤めた。二年くらいは続いただろうか。

当時、先生は土光臨調の立役者として活躍中で、中曽根康弘氏の知恵袋となっていたようである。先生の滞米中にヘンリー・キッシンジャーが米中外交の劇的な転換を導くという事件があり、私は日本に同様の人物がいるなら佐藤先生を措いてないと観測していたが、それが現実になったのである。

そのためもあったろう。読書会の中で自ずから始まる雑談には、韓国や中国の話題も混じるようになった。無論、外交上の具体的な事実は一切言及されなかったが、先生は、当時の日本では滅多に語られることのなかった、隣国のエリートの肌合いに関する感想を、かなりの共感を籠めて、しばしば漏らされることがあった。身近な経験やメディアからは得られない知識であるだけに、意外かつ目覚ましいこととして拝聴したものである。

「中国の政治家は普通」とは、直接の接触経験から来た言葉だったに違いない。それまでの私の知識は主に満州事変や日中戦争期のエピソードで、いきおい、中国の政治家は謀略をこととしているというイメージを持っていたのだが、それは戦時における謀略と謀略の仕掛け合いのみを見ていたためだろう。まともに語れば、まともな答えが返ってくる。先生はそうした体験を語っていたようである。

ずっと後、先生の没後、今世紀に入って気づいたのだが、これは戦後日本で稀だった世界政策の展開の中で漏らされた感想だったようである。中曽根首相は、レーガンと手を組んで、中国をソ連から引き離そうと図っていたのではないか。冷戦が終わる前のことである。中国側の当事者は胡耀邦氏で、彼は国内のリスクを冒して敢えて日本と協力関係を樹立しようとしていた。今の中国からは想像もできない話である。これは同氏の失脚で失敗したが、戦後日本外交の中で最も創造的で意欲的な政策の一つであったことは疑いない。

もっと後で気づいたのだが、この時、中曽根内閣は、ある高校むけ歴史教科書について、文部省の委員会の検定を通過したのちに、中国側を刺激しそうな箇所を削らせている。「新しい歴史教科書をつくる会」の関係者によると、これが彼らが歴史教科書問題を提起する発端となったという。中曽根首相は、その世界戦略を実現するため、中国国内の左派による胡耀邦への批判を和らげようとして、教科書に介入した。これに対し、観念右翼はもっぱら自身の信念を貫くことを重んじ、手続き的な違法性に憤ったのである。この中曽根のイニシャティヴの背後に佐藤先生の匂いを嗅ぐのは私だけではあるまい。日本と世界の長期的利益を主眼に構想された、雄大なリアリズム戦略がここにはある。今の日本にこれを理解できる人がどれほどあるだろうか。

「田中角栄はリベラルです」

佐藤ゼミでは、社会・人文系の書を手当たり次第に読んだ。それらは刺激に富んだ書物群であったが、最後になって我々は、先生が時折漏らされる現代日本政治に関する本を読んだことがないのに不満を持つようになった。そこで、春休みに大学セミナーハウスで開かれた打ち上げセミナーでは、外国人による自民党研究が取り上げられた。中身は地味だったが、それよりは先生の発言がとても刺激的で、この言葉もその時に発せられたものだったように記憶する。

一九六〇年代末期、日本の大学ではまだ左翼全盛で、自民党は改憲を通じて戦前への復古を狙っている、「保守」どころか、戦後改革に対する「反動」の政党だという理解が普通だった。また、日本の将来についても悲観的な見方が一般的だった。一橋の経営学の先生が論壇時評で日本は「中進国」だと書いたところ、「後進国」に決まっているのに評価が甘すぎると、論壇で袋だたきにあったのを目撃したことがある。

そのような環境で、自民党の有力領袖を「リベラル」と断じたのだから刺激的でないはずがない。眼を白黒させ、「本当かなー」と疑ったが、先生の自信に満ちた断言には、有無を言わせない迫力があった。当時の日本は高度成長の最中ながら、前途には大きな不安を抱えていた。その中でのこの発言は大きな励ましだった。確かに、この頃の日本のリーダーは、何が何でも日本の先進国化を実現するのだという気迫に満ちて、次々にその施策を講じていた。その息吹を伝えられた我々は、自分たちもその偉業に参加するのだと心を躍らせたのである。

ゼミの最中でも、二・三年に一回開かれた同窓会でも、我々はしばしば将来のキャリアを話題にした。その際、先生はしばしば、あまり世間では評価されていない方面に進もうとする者に、こう語って励まされた。実際には、ゼミの主力は大蔵省、通産省、自治省、建設省など、当時の定番といって良い官庁に就職したのだが、その内部では、絶えざるイノヴェーションが行われ、したがって新規事業のリスクを負うことが少なくなかったと聞く。その際、この言葉は大きな励ましとなったに違いない。

「〇〇は成長産業です」

私の場合、日本研究が成長産業になると思い込んだ。日本の学問は基本的に輸入学問だが、日本研究は例外だ。かつ佐藤先生や京極純一先生の仕事を見ると、日本を場として世界的な業績を挙げる余地がたっぷりとあるようだ。多分、北岡氏や他の同学もそう思い込んだのだろう。互いに何の相談もしなかったのに、日本研究を選択した人が多数派となった。

　ある日、進路相談をお願いしたところ、高輪にあった先生のお宅にお招きいただき、二階の和室に通されて楽しい一時を過ごした。その時、先生は書き上げたばかりの『年報政治学』の論文草稿を見せて下さったが、これは授業をやりながら二週間ほどで書いたのだとおっしゃったのには、これまた絶句した。まだ卒論も書いていない身にとっては天上の話である。この大正期の日米緊張緩和に関する論文では、ボールディングの本で学んだモデルがうまく使われていて、歴史の論文でも理論が効果的に使えるという良い見本となっている。私の仕事の一半はこれが出発点となったものである。

　おそらくこれは一九六九年の十二月のことで、先生は日本近代史を勉強するなら都立大学にいる友人、伊藤隆先生について勉強しなさいと紹介の労を執ってくださった。翌年秋、半年遅れで文学部に進学した時、伊藤先生は国史学科の教員に転じていらっしゃったが、すでにそれが決まっていたのだろうか。正月に都立大学に伺い、伊藤先生をはじめ升味準之輔先生や酒田正敏先生らによる上原勇作関係文書の研究会に入れていただき、門前の小僧を始めた。談論風発、楽しい研究会だった。

　さて、日本研究は成長産業だったろうか。答えは否。私は後世代の優秀な人材が続々とこの分野に進入してくるだろうと予想していたが、駒場の学生たちは、以前と同じく、ヨーロッパの学問への追随を続けた。これには、我々のすぐ後の世代がミシェル・フーコーに代表されるポストモダニズムに魅せられたせいもあっただろう。おかげで、我々が魅了された「社会科学」は、現実分析はともかく、理論的には時代後れのものと見なされるようになった。私が自ら理論に手を染めたのは、この世界的流行が一段落し、人文学と数理分析の分断の深まりが一旦止まった後であって、幸運だったというべきだろう。日本研究自体について言えば、有力な参入者が少なかったせいもあって、依然、発展途上の状態に留まっている。見方を変えれば、成長産業として発展する可能性が大いにあると言って良い。

「〇〇は成長産業である」。いかにも威勢の良い表現だが、その背後に、先生の類い稀な時勢への洞察力、さらに前途に明るい希望を見ていた高度成長期の日本があったのは間違いない。いま、これは可能だろうか。一部は可能に違いない。国際金融の世界に参入し、新たな工夫をもって巨万の富を築くこと。この世界的流行は金融システムの安定が維持される限り、実現可能だろう。しかしながら、ここには、社会を健全に維持しようという発想はない。個人の栄達と国家の栄光を同一視しえた明治や戦後の日本は別世界となった。世界の数カ所に別荘を持ち、四十代で引退して悠々自適の生活を送り、ときにフィランソロピーを手がける。個人としては快適かも知れないが、こうした生活スタイルは特定の社会に責任を持つことを妨げてしまう。

いま、人口の趨勢に見られるように、日本は長期的には下降する局面に入っている。経済でも人口でも大国であり続けることは疑いないが、何よりもメンタルな面で萎縮しているのが気になる。世界へ世界へとひたすら拡張を目指した佐藤先生の時代と異なって、いまの若い世代には、ほどほど志向や閉じこもり願望が顕著である。この状態が続くと、下降はむしろ加速されるであろう。また、世界経済自体、長期的には成長を続けられるか、疑問である。先生ご本人は、ある座談会で、これからの人類は資源や環境の制約など、成長の限界にぶつかるだろうが、私の死後の話だからねと、例のシニカルな言い方で言及されていた。

しかしながら、経済はともかく、心の世界は無限である。成長が止まっても、楽しい生活はあるはずである。現に江戸時代がそうだった。イギリス帝国の影に隠れても、オランダは質の高い生活を維持し続けた。これからの日本にそれができないはずがない。そして、その鍵は江戸時代と逆に、かつオランダと同様に、世界と手を結び続けることにある。一国への閉じこもりは、平穏な生活をもたらすわけでなく、逆落としの道に日本を導いてしまうことだろう。

どんな苦しい局面でも、明るい希望を見いだすこと。それが佐藤先生が教えて下さったことだった。現実がどんなにディズマルでも、楽観的な心性はそれを乗り越える勇気を与えてくれる。そうした古今東西を通じた普遍的な教訓を、佐藤先生は身を以て示して下さったように思う。

インド滞在記

昨一九九〇年十一月中旬から、今年三月九日まで、約四カ月、私はインドに滞在した。首都デリーのデリー大学で、日本史を教えるためである。

今日、日本では国際化の声がかまびすしい。附属(1)の同級生の名簿を見ても、実にいろんな人が海外に出かけて仕事をしている。我々が中学生だった頃には、否、大学生だった頃にも想像できなかったことである。私は、たまたま日本の歴史を職業に選んだので、この趨勢からは元来、最も遠い所にいたのであるが、その私まで海外で仕事するようになったのである。

なぜ日本史家がインドに出かけるのか。仏教の源流を訪ねてゆくのではない。私は、十九世紀の明治維新の前後が専門で、仏教史には縁がない。実際、四カ月の滞在中、西部のタール砂漠や西南海岸のゴアに出かけ、ヒンドゥーやイスラームそしてキリスト教の聖地はみたが、日本人のよく巡礼する仏教遺跡には一度もゆかなかった。意図してそうしたわけではないが、現在のインドでは仏教は存在しないに等しいのだから、必ずしも怠慢とは言えないだろう。

私がデリー大学に行ったのは、先方の日本研究者と大学院生に、日本の明治維新とその前提となった近世国家について、教えるためである。週一回演習を開いて、日本史や日本語の先生七・八名と一緒に候文で書かれた幕末の基本史料を読み、また月一回、院生や他の学部の先を含めた聴衆を相手に、維新と近世に関する講義を英語で行う約束であった。なかばからは、演習が立ち消えとなって、逆に講義が月二回となり、おかげで南インドを周遊する計画が潰れた。しかし、デリー大学の若手の先生たちと一緒に講義の台本を英訳する作業は、その間に色々な話をするチャンスもあって、実に楽しい経験であった。

デリー大学の日本研究者は、多くは明治時代を研究している。立憲政の導入、ナショナリズムの思想家・ジャーナリスト三宅雪嶺、土着的な改革者としての田中正造、国家主義と社会主義を結合した明治期の北一輝……。ここから窺えるのは、国家の統合と発展をいかにして達成するか、日本を参考にして考えたいという関心である。同じアジアの国なのに、なぜ日本だけが近代化に成功したのか。その秘密を探り出したい。現代の日本はあまりにかけ離れた世界だから参考にならないが、近代化の初期の状況は、我が国の現状とさほど変わらないから、まず明治時代を研究しよう。このような関心の持ち方は、今日、中国を含むアジアの各国から日本を訪れる人々に共通したものである。「近代化」論は、日本やアメリカの学界では陳腐化して久しいが、アジアの開発途上国にとっては、今でも切実な問題なのである。

ただ、インドの場合、ことは単純ではない。日本とインドの懸隔は余りにも大きい。インドは、ヨーロッパ全体に匹敵する国土に、多様な宗教・言語集団が入り混じって住む巨大国家である。日本のような「小さな」国家ではない。また、誇り高いインド人は、他国の経験に学ぶことを潔しとしない。内心必要と思っても、口には出さない。かつて支配されたヨーロッパには学んでも、同じアジアの「新興国」の日本に学ぶのは屈辱的と感じる。さらに、「大国」にふさわしい「発展」を望みながら、独立以来四十年たって一向にそれが実現せぬことに絶望してもいる。日本研究者は、日本に出来てインドに出来ぬことはないはずだと叱咤激励するが、学生や一般の知識人は、「発展」の実例として、日本や東アジアのＮＩＥＳに目を向ける必要をほとんど感じないのである。

ここで、当然のことながら、次のような疑問が生じうるだろう。なぜ「発展」が必要なのか。日本の経験では経済発展は物的な豊かさはともかく、心の幸福をもたらしはしなかったではないか。しかも現在のような「発展」の持続は、資源や環境が有限である以上、早晩不可能になることは明らかである。なぜ、インドはこの誤った道に踏み込まねばならないのか。この問に答えるには、百万言を費やすより、まずインドに行ってみる方がよいだろう。

デリーのインディラ・ガンディー国際空港に深夜到着し、空港ビルから外に出たとき、異様な臭いに気づいた。糞とスパイスの混じったような臭いである。それがヘリウム灯のオレンジの光の中で土埃りと一緒に漂っている。上空では星の光と町の光が見分けがたく、満天の星に包まれて飛ぶような不思議な経験をしたが、下界へ降り立つと星はほとんど見えなかった。時は乾季である。

翌朝、ホテルからタクシーでデリー大学へ向かい、さらに大学の先生が下宿に選んでくれた家へ行った。排気ガスがひどい。人の多さとか、痩せこけた乞食や貧しい路上生活者のことは、前もって聞かされていたので驚かなかったのだが、先の異臭に排気ガスの混じった臭いはこたえた。下宿に着き、荷解きが済むと、親切な大家さんは、さっそく近所を案内してくれた。道に紙屑や果物の皮が牛糞と一緒に転がっている。私の住んだところは、南の高級住宅街（ディフェンス・コロニー）で、掃除人が毎朝きちんと道を掃除している。しかし、午後ともなると、ごみと糞が散らばり、強烈な太陽に焼かれて、その微粒子が土埃りとともに舞い上がる。住宅街から幹線道路沿いの歩道に出たり、マーケットの付近に行くと、特にひどい。隣のブロックはもっとひどい。

インドに着いた日本人は、まず例外なく、町の異臭と汚さにショックを受ける。日本人に限らない。私は、ヨーロッパ系の若者が、呆然とした顔をして歩いているのを何度も見た。しかし、私の行った季節は、一年のうち最も過ごしやすい冬だったのである。到着した十一月中旬の最高気温は三十五度くらいであり、月末以降はどんどん気温が下がって、正月頃には十四・五度くらいにまで下がった。最低気温は四・五度くらいになって、インドを暑い国と思い、合い着しか持って行かなかった私は、かなりあわてた。午前中は室内は底冷えするので、ヴェランダに出て新聞を読むのを日課にした。季節の変わり目にふる豪雨の数日をのぞいて、デリーの冬はいつも晴天である。ともかく、冬ですらこたえるのだから、猛暑の四・五月、高温多湿の六・七月がどんなものか、想像するだけでおぞましい。

インドでは、植物も動物も、病原菌も元気いっぱいである。とにかく水に気をつけよとは、日本人経験者もデリー大の先生も大家さんも、異口同音に注意するところだった。病弱な私が、滞在初期の下痢や時々の風邪を別として、一度も病気らしい病気をしなかったのは、この忠告を忠実に守ったからだろう。デリーの水道は朝と夕方の炊事時だけ供給されるが、風呂桶に溜めると底に薄く泥がたまる。そこで大家さんは、泥を濾し、それを白い粉末でまた濾した水を冷蔵庫に蓄え、それを料理に使っていた。私は、それを飲み水にもらってさらにポットで沸かし、水筒にためて飲んだ。外食するときは、必ずミネラル・ウォーターを注文した。どんな高級レストランでも、テーブルに出してくれる水は避けよとは、やはり大家さんや大学の人たちの忠告である。同時期にデリーに滞在した日本人学生は、寮やレストランの水は飲んでいたが、それは何度も熱を出して体が慣れた後のことであった。日本の我が家に帰って、私はまず、水道の水をたっぷり飲んだが、その冷たくておいしかったこと！　インドの生活からみると、日本のミネラル・ウォーター・ブームは、全く無意味なムダ遣い、頗るいかがわしいものに見える。

安全の問題は、飲食物や衛生の問題に留まらない。インドでは、交通事故が日常である。デリー市内で、私は交通事故の死者を生まれて初めて目撃し、二度に及んだ。道に女性や子供の死体が転がり、それを大勢の人が取りまいてみている。別の時には、ヘルメットをかぶった男性が、転倒したオートバイの傍らで気絶しているのも見た。また、年末に西部の砂漠地帯に自動車旅行したときには、デリーと隣の大都市ジャイプルの間、約三百キロの区間で、往復とも三件の正面衝突事故を見た。運転台がぺしゃんこになったトラック、ぐしゃぐしゃに潰れた日本モデルの小型自動車……。エンジン故障やタイヤのパンクで止まっている車は数しれない。病気であれ、事故であれ、インドでは、人が簡単に死ぬ。ここでは、人は、人類史の長い間どこでもそうであったように、死と隣り合わせに生きているのである。

このような社会で、「発展」とは何を意味するのだろうか。自動車やラジカセなどの工業消費財をたくさん使えるようになること、工業製品を輸入しなくて済むように重工業を興すこと、パキスタンや中国と張り合い、大国の体面を保つために核兵器を開発すること、これも一面である。貧困線の下にいる人口の四十%近くに十分な食糧を供給すること、乳幼児の死亡率を減らし、女の子の人口が十代には男子の七十%台まで減少する現状を改めること、人口の際限ない増加を抑制すること、急増する人口に見合うだけの働き口をつくること、貧富の差を縮めること、これも一面である。人々が自主的判断ができるように教育を普及すること、労働の規律を高めて安全と効率を確保し、海外にも売れる商品を作れるようにすること、いちいちバーゲンせずに済むように正札販売の商慣行を広めること、親族外にも信頼で結ばれた組織をつくること、道路や廊下など公共空間を大事にする習慣を育てること、これも一面である。

以上は、思いつくまま並べたのであるが、現実に進行しているのは第一の産業化と消費社会化の側面だけである。インドは独立後にとった準社会主義的かつ鎖国的経済政策のため、長らく経済停滞を続けたが、八〇年代に開放政策への転換を始めた結果、現在、巨額の貿易・財政赤字を抱えてはいるものの、かなりの経済成長を見せている。デリーでは日本の首都圏と同様に地価が高騰して深刻な住宅問題が生じているが、アパートに住み、ビデオを楽しみ、スクータで通勤する「一億人の中産階級」と称される消費社会が生まれたのも確かである。しかし、その反面、この国では工業文明の導入にあたって医療の向上が先行した結果、深刻な人口問題が生じた。貧富の差は縮まらず、女の子に十分な食べ物を与えない旧来の悪習もなくならなかった。上に述べた第二の問題群は、その点を述べたものである。今までの人類の経験では、その達成には第一の側面が十分に展開されねばならなかった。第三の問題群は、第一・第二両面の達成に必要な条件をインド内外の観察を取り混ぜて記したものである。実際には、その実現は容易なことではない。

「発展」を言葉だけで考えると、先に触れたように、その必要性は疑わしく思える。しかし、実際にインドの実状を目にすると、それは第一の側面の達成によって第二の問題の関門を一応通り過ぎた人間の、極めて無責任な言動に見えてならない。人と生まれたからには全員が天寿を全うし、生を楽しめるようにするのが望ましいという価値観を前提にする限りは。

物的向上が精神的幸福をもたらすとは限らないとは、文明論の常套句である。むしろ産業化は人を拝金宗と化して親族の温かい相互扶助の絆を断ち切り、また安定したコスモロジィを奪って人生の意味を希薄化させるという。これは、我が日本でも、インドでもしばしば耳にする考え方である。そう考える人にとっては、インドはむしろ深遠なコスモロジィの宝庫であり、日本人にとっては息苦しい世間からの避難所でもあって、事実日本からの巡礼者の流れは跡を絶たない。しかし、生死を貫くコスモロジィの世界はおき、親族の絆を問題とするとき、それは温かいだけだろうか。いわゆる共同体は、束縛の別名である。インドの場合、それはカーストの基礎集団にほかならない。一度、大家さんの親戚の結婚式に招かれたが、二百人余りの来会者は、私のような珍客を除き、皆親族だということであった。親族がこのように大きな意味を持つ社会では、カースト違いの結婚は直ちに親族集団からの追放をもたらし、それは新家庭が社会的保護のすべてを失うことを意味する。インドではアメリカなどへの頭脳流出が憂慮されているが、その一因が自由の有無にあることは疑いない。自由と束縛、孤独と帰属感、「何が幸福か」ということは容易には決まらない。

これに対し、「不幸」の一部は、はっきりとした形を持つ。それは物的に除去したり、軽減することが可能である。若年の死、病苦、そして飢えや貧困など。工業文明は、問題のこの側面の解決に威力を発揮した。悪しきものを除去するというネガティヴな形式において成功したのである。このタイプの苦しみは先進工業国では今日、障碍者や老人などマージナルな存在に限られているが、発展途上国においては事情が異なる。なお人口の多数派の問題、しかもその生死に関わる問題なのである。インドで上級カーストの知識人が産業化の必要に疑問を呈するとき、彼は確かに問題のこの側面を無視している。我々は、解決の可能性を知りながら、多数の苦しみを見過ごすことができるだろうか。

産業化への疑問はその持続可能性にも向けられている。資源・エネルギーの枯渇と廃棄物による環境汚染は、確かに人類の種としての存続に大きな不安を投げかけている。資本主義は自転車操業の経済であり、絶えざる成長、したがって資源消費と廃棄物産出の増加とを不可避としているが、それは早晩地球という容器の限界にぶつからざるをえないだろう。では、我々は経済成長を止め、さらに進んでは工業文明を放棄せねばならないのだろうか。それは出来ない。成長の停止は大規模な不況と失業を意味する。そこでは、資産なきものが最初に困窮し、飢餓にさらされる。農業国でも肥料がなくなって大量の死者が出る。一九三〇年代がそうであったように、暴動が頻発し、強権支配が登場し、国家間の関係は険悪となる。のみならず、いま東欧やインドにみられるように、老朽化した機械は環境を遠慮会釈なく汚染する。成長の停止だけでこうだから、工業文明の放棄に至っては想像するだけでおぞましい。十八世紀の世界人口に戻ることは大量殺人以外に考えられない。その先は考えたくもないが、人類史の過去を省みると、厳しい宗教的戒律に支えられた身分社会となる可能性が大である。我々は引き返すことは出来ない。前に進むほかはないのである。経済成長を続け、そのダイナミズムを利用して資源の効率的利用と廃棄物処理の技術を開発し、限界への衝突を出来るだけ先に延ばしつつ、ゼロ成長社会への軟着陸の道を探るほかないのである。

では、このような展望に立つとき、発展途上国はどのような道をたどるべきか。まず、最初に確認さるべきことは、これらの国々もまた、工業化以前の世界へ戻れないということである。デリーの町は排気ガスに満ちている。職住分離が進んだ結果、朝のバスは通勤客を入り口にぶら下げて、エンジンと車体の痛みをおしながらヨタヨタと走る。スクータを改造した三輪タクシィは青白い煙を吐き出しながら中産階級を運ぶが、陸橋を上る途中でエンコしているのも少なくない。デリー周辺の幹線道路では、ラクダのひく荷車の傍らを、運送トラックがひっきりなしに追い越してゆく。家庭では灯油コンロで煮炊きし、冷暖房は電気でする。農村部では、潅木を干したものも炊事に使っているようだが、ラジャスタンの砂漠地帯では石油と電気に全面的に依存している。インドは、一九六〇年代に進めたパンジャブ地方の「緑の革命」によって、かつかつ食糧が自給できるようになったのだが、それは化学肥料の投入に大きく依存していた。化学肥料の普及は政党政治家が投票の見返りに散布した政府補助金を通じて行われた。巨額に膨らんだ肥料補助金の削減は、「世界最大のデモクラシー」インドの抱える最大の内政問題の一つである。医療の普及による人口膨張は先にも触れた。現代のインドは都市のみでなく農村もどっぷりと工業文明にひたっているのである。

インドの問題は、さしあたり、産業化が中途半端にしか進んでいない点にある。ここでの基本問題は、中国と同様、人口と労働需要・食糧供給との不均衡にある。現状は、人口の増加を越えるだけ所得が増加せず、人々は何年たっても貧困線の前後に張り付いたままである。デリーでも、道ゆく人々は痩せこけていて、表情は険しい。ひもじいのである。その一方で、産業化は富める人々をさらに豊かにし、消費の欲望を拡大した。都会の場合、上層でなくても仕事が増え、とくにサーヴァント階級は引く手あまたの結果、住宅事情を別にすれば、暮らし向きはずいぶん良くなったと聞いたが、農村部はこの動きから取り残されたままである。インド政府は、他の国々と異なって、農業を優遇し、工業化の資金を農村から吸い上げては来なかった。しかし、農業は必ずしも発展していない。先進国が自給体制を敷いたのもこたえたが、生産性の向上もみられなかった。それは人口の増加と相まって農村を貧困なままに止めているのである。

インドの工業化は、自立をめざしながら、かえって対外依存度を高めた。独立時のインドは、大国にふさわしい急速な工業化をめざし、輸入をきびしく制限しつつ、重工業製品の国産化に力をいれた。おかげで、今日では大型のバスやトラックから日用の歯ブラシまで、支払う金があれば、何でも国産の品が手にはいる。核兵器を国産していることも周知の事実である。しかし、無競争の中でつくられた製品は質が悪く、すぐ壊れるし、外国市場での競争力もない。資源と労働はムダ遣いされ、さらに貿易と財政にも大きな赤字が生じている。インドには鉄や石炭、石油など資源は一通りあるが、製造に必要な機械やプラントはほとんどを輸入や外国との提携に頼っている。技術導入は大量の外貨を要するため頻繁にできず、国内で技術を改良する能力もないので、製品は古い型のままである。愛国心にかられてインド人だけの運用に切り替えると、品質が落ちてしまう。国内の消費者にすら信用がないのだから、外国には売れない。こうして、重工業製品の国産化政策は、一方で消費への欲望を生みながら、他方で巨額の貿易赤字を生み出したのである。それを埋めているのは、日本をはじめとする先進工業国の経済援助にほかならない。自立をめざしながら、逆の結果を生み出したのである。

しかし、今日では、政府も政策の誤りに気がついて、輸出産業の振興をめざし、外資を原料の供給地に導入しようとし始めた。インドの現状では、その周辺に関連産業のすそ野を広げるのは極めて難しいが、外貨を獲得できる産業ができるのはともかくも良いことである。他方、今日の都会の中産層は、コッティジ・インダストリィ（農村工業）を奨励するため、進んで手工業製品を買おうという運動を展開している。これが海外市場とつながれば、もっと良い。日本の経験を振り返ると、生糸が米のとれない東日本の山間部の農村を潤し、しかも外貨稼ぎの旗頭となったことが思い起こされる。海外市場で競争するには品質の確保が必要で、それはインドの現状では至難の技なのだが、何としてでもこの道を進まねば、国民の生活水準の向上はもちろん、経済の自立も達成出来ないであろう。

ところで、工業化の進行は、資源消費と環境汚染の増加を不可避とする。長期的にはまさにその通りであり、その根本対策は人口の減少と工業国での生活水準の切り下げのほかないことは明らかである。しかし、先に述べたとおり、この政策を性急に採ることは、百害あって一利なし。絶対に避けねばならない。とすると、当面の対策は、インドや中国、さらに熱帯地域における人口増加を食い止めながら、その一方で、資源を効率的に使い、廃棄物を最少限に止め、それを再利用する技術を開発すること以外にない。その際、発展途上国は主に前者、先進工業国は後者の役割を負うことになる。日本は世界から最大の貿易黒字を得ており、最も高度な技術を有する国でもあるのだから、世界の将来への責任は頗る重いと言わねばならない。

開発されたエネルギー技術は、発展途上国に使ってもらわねば意味がない。二酸化炭素や酸化物の放出において、今日すでに、中国、インド、ブラジルといった国々は最も大きな比重を占めている。しかし、インドや中国には、石油やガスを大量に輸入したり、高度な生産設備を備える資金がない。工業エネルギーの多くを国内産の石炭に頼り、老朽化した生産設備を使わざるを得ないのである。したがって、先進国からの汚染抑制要求は、彼らには自国の発展、端的に言えば工業化と国民を食わせることへの妨害と見える。これを説得し、喜んで汚染抑制に協力してもらうのは易しいことではない。その場合、電気エネルギーの集中的供給システムにハイ・テクノロジィを適用するのはまだ容易であろう。どのような発電方式をとるかは別として、少数の発電所を低汚染型にすれば良いからである。しかし、個々の家庭や小規模の事業所のエネルギーは、コントロールが難しい。途上国の実状を見ると、ハイ・テク製品を売り込むのは不可能である。そんな金はない。走行中にドアがひとりでに開いたり、エンジンがぜいぜい息をつくデリーのタクシィを考えると、不可能である。では、無償で供与すれば良いのだろうか。そんな金があったとしても不可である。ただでもらった物を大事にする人はいない。個々の人物が責任を持って資源と廃棄物を管理できるような仕組みを作ることが必要である。それには、どんな貧しい地域でも人が自分で修理・再生できるような、ロウ・テクノロジィの形で技術をまとめねばならないであろう。

以上は、インド滞在中に、デリー大の先生と話したり、新聞を読みながら、断片的に考えていたことを、帰国後四カ月を経て、まとめたものである。初めは随想にするつもりだったが、つい日頃の癖がでて、論文調になってしまった。重い主題をろくな知識もなしに書いたので、間違いも多いかと思う。ただ、インドのような土地にたとえ短期間でも生活する人は、今でもそう多くはないだろうから、何かの参考にはなるかも知れない。

しかし、ここでの私の主張は正しいのであろうか。他の問題、例えば国際政治観についても、私はインドでずいぶん考えさせられることがあった。しかし、その場合でも、私は、インド人の考え方に同意したり、影響を受けるよりは、日本ですでに持っていたスタンスを明確に自覚するだけに終わったように思う。それで良かったのだろうか。

このインド滞在は、実は、私の今までの人生の中でも最も苦しい時期に行われた。私は「四十にして惑わず」どころか、大いに惑っている。しかし、インドでの生への闘いは、少なくとも、心底に横たわる様々のわだかまりを燃やし切ってくれたように思う。私は今や「根無し草」のごとき存在であるが、しかし、知識人というものは、程度の差はあれ、古来そのような存在であった。先達には及びもつかないけれど、そのひそみに習って生き続けようと覚悟している。

一九九一、八、六

註

（1）広島大学教育学部附属福山中高等学校。筆者は第十六回の卒業生である。

中学野球部の回想(1)

会場の鷹取中学から附属へ帰る途中、私は自転車の上で、ポロポロと涙をこぼした。少年になって初めての涙だった。八月の終わり、中学野球最後の試合に、決勝で負けた。相手は鷹取中、福山では名門である。去年秋の新人戦の頃は、まるで歯が立たなかったティームだが、七月末の広島県東部大会で優勝していた我々は、もはや何の気後れも感じていなかった。勝負は時の運とはいえ、決勝戦まで戦い抜いてきた我々は、負けることなど考えていなかった。

シーズン最後を飾るこの東南部大会、広島県の東部と南部を合併した大会には、いままで戦ったことのない尾道や瀬戸内海の島、そして呉線沿いの地域からやってきたティームが参加していた。会場も、いつもの城北や鷹取といった中学のグラウンドだけでなく、市民球場、今は体育館に変わってしまった元の市民球場も使われた。初日、高嶺の花と思っていた高いマウンドと青い芝生、そして階段状の観客席を持つ球場でプレーすることになった我々は、それぞれの地区で実績をあげた見知らぬ相手への懸念も手伝って、緊張していた。一回戦の前の練習で、一塁の私にいつもは正確に送られてくる内野の送球が、乱れに乱れた。試合前に観客席裏の木陰で休む時間がとれ、私自身の動揺もある程度おさまったが、それでも不安だったことには変わりない。しかし、試合が始まってしばらくすると、不安は消し飛んだ。試合の感覚がすぐ戻り、我々は相手側の動揺をついて二連続スクイズを決めるほどの落ち着きを取り戻していたのである。金谷茂男先生の強気の攻めは勿論、ティーム・メイトの冷静・沈着なプレーに、打席を待っていた私は密かに驚嘆していた。二日目は鷹取に会場が変わり、我々はパワフルなティームを降して、決勝に勝ち進んだ。（村上） 修君《しゅうくん》は、相変わらずポーカー・フェイスで正確な投球を続け、打線もしかるべき時に爆発した。私自身は、あまり攻撃面では役に立たなかったようだが、守備の面では大過なく役を果たしていた。七月の東部大会で苦手の城北中を難なくやぶっていた我々は、今回、県の体育大会に代表となった鷹取中と決勝で対戦するのを歓迎した。しかし、ゲームは予期に反する展開をしたのである。

シーソー・ゲームで、確か終盤まで我々が押し気味だったのではないかと記憶する。(2) しかし、あの回、思いがけないミスが重なって、我々は一気に逆転されてしまった。走者一・二塁だったろうか、修君は打者をボテボテの三塁ゴロに討ち取った。三塁は名手保田（健）君のことだから、難なくワン・アウトが取れたはずである。ところが、前進して捕球した保田君が送球動作に移ったとき、しゃがみ込んだ修君と一塁の私とが一線上に重なってしまった。球はワンバウンドとなり、あっと驚いた私は後逸してしまった。普通なら、捕球せずとも体に当てて進塁を防ぐのだが、思わぬ事態のショックで、棒立ちになってしまったのである。

それまで、緊迫した場面は何度も経験した。いつの試合だったか、ノー・アウト満塁を零点で凌いだこともある。その時は、他ティームの選手がすぐ脇で「附属はもう駄目だ」などと言っているのが聞こえたが、一向に平気だった。しかし、この時ばかりは違った。予期せぬ出来事に慌て、大量点のきっかけを作ることになったのである。塁にランナーがたまったとき、大きなフライがセンターに飛んだ。打球も大きかったが、突如強風が吹き、センターの今福（健雄）君は砂ぼこりの舞う中で転倒した。走者一掃のランニング・ホームラン。ショートの位置まで出かけて中継の中継をしたが、間に合わなかった。

最後の攻撃では、せっかく塁にでながら、焦って飛び出してダブル・プレーをくらった。良いことなし！　それまでも、いろいろへまはしたが、先生やティーム・メイトに教えられて、次の機会に同じミスはしなかった。しかし、もう次の機会はなかったのである。

試合終了後、閉会式が行われ、我々はそれまでにない豪華な賞品、果物の盛り合わせをもらった。目には楽しかったが、その味は塩からかった。

子供の頃の私は、どちらかと言うと、ひ弱で、本ばかりに齧りついている方だった。体育の時間は好きだったが、野球少年だったわけではない。当時の附属は中学の一・二年生全員を運動部に入れるのを原則としていたが、同じ深津小学校から入学した保田君に誘われなかったら、私はただ一つの例外だった音楽部に入っていたことと思う。その私が野球にのめり込み、親から「あんた何しに学校へいってんの」と言われるようになるとは、誰も想像できなかったに違いない。しかし、おかげで病弱だった私は一応人並の体になり、精神的にも鍛えられた。野球をやっているうちに、めそめそすることなどすっかり忘れた。鷹取から帰る途中、私は、この涙は本当に久しぶりだと気づき、その意味も以前とはすっかり変わったと感じていたのである。

今思い返すと不思議なのだが、僕たちが金谷先生の下で野球をした期間は、一年に満たない。その短い間に経験したことが、どんなに楽しく、どんなに貴重だったか、この文集で、ティーム・メイトは異口同音に語ることだろう。

僕らのティームは、元々、典型的な「出ると負け」、受験校の青瓢箪ティームだった。個々の選手に相応の力はあったのだが、勝つことを知らず、練習の仕方を知らず、ただ漫然と練習のまねごとをし、偶然の勝利を期待して試合に出かけていた。僕らが補欠だった一・二年生の間、先輩には申し訳ないが、練習試合を含めて、一度も勝ったのを見たことがない。二年生の秋、新人戦をひかえた僕たちも同じ状況だった。

いつのことだったかは忘れたが、ある日の放課後、練習していた我々のところに、ハンティングをかぶった眼鏡の先生がやってきた。なにか普通と違う。何やら怒っている。我々は三塁のあたりに集められ、一人ずつ先生が篭一杯のボールを手で右へ左へと転がすのを拾うことになった。何か奇妙だが、大したことはない。初めそう思ったが、その苦しいこと、苦しいこと……。これが僕たちが練習の何たるかを知り、金谷先生を知った初めであった。

新人戦は一回戦で負けた。しかし、僕たちは、その後の練習試合で初めて勝った。味をしめて練習に精を出すようになったが、引退した先輩たちもグラウンドに出て、熱心にノックをして下さった。冬にはいり、普通の練習ができなくなると、我々は長距離走で足腰を鍛えた。緑町の学校から芦田川の土手に出、橋を渡ってから妙見さんまで階段を駆け上る。日頃の練習よりずっときつかったが、誰も彼も勇んで校門を駆け出した。隊列を組み、声を掛け合いながら芦田川まで来ると、切るような川風が薄い練習着とトレパンを突き抜けた。勿論、誰も弱音を吐かない。春休みには、学校の同窓会館で約一週間、合宿した。門前のバス停のある店でヴォリュームのある食事をしたが、それでもお腹がすくので、食パン一切れにマーガリン四分の一箱を包んで食べた。夜中、興奮して遅くまで騒ぎ、先生に注意されたのも、よくある話とは言いながら、楽しい思い出であった。

三年生になって、我々はぐんと自信をつけ、結束力も固くなった。早朝に登校して朝練を始めたのもこの頃だったろうか。今思うと、汽車通の人が多かったのに、よくやれたと思う。練習して教室で着替え、授業を受けるのだが、さぞやクラス・メイトには迷惑なことだったろう。時には間に合わなくて、泥んこのユニフォームを着たまま、一時間目の授業を受けた。先生方は大目に見て下さったが、金谷先生にはずいぶん苦情が行っていたのではなかろうか。また、当時、私のクラスは男女がX状に並び、したがって前後左右の机は皆女の子だったのだが、彼女らは臭気と土ぼこりをどう思っていたのだろうか。我々は、男の結束力を誇って、掃除当番まで男だけでやった方がうまく行くとまで言い出した。年頃とはいいながら、ずいぶん横暴な、元気のよい集団であった。

放課後は、すぐグラウンドに飛び出して、日没まで練習した。ちょうど、大学の建物が次々に建て替えられる時にぶつかり、大学と共用していたグラウンドが使えなくなった。しかし、先生方のご努力のおかげで、隣の敷地にある三菱電気の野球専用グラウンドを貸してもらうことができた。当時、少なくとも私は、何の気なく、野球だけ、練習だけを考えて夢中になっていたが、今にして思えば、先生は勿論、いろんな大人の方々が、随分かげで骨折って下さっていたのである。我々のあの貴重な日々は、我々だけの努力で成り立ったのではない。しみじみと有り難く思う昨今である。

朝早く、ぎゅう詰めの弁当を鞄に入れて出かけ、日が暮れて自転車の重いペダルを踏んで帰る毎日。夕食を食べたら、すぐ寝てしまう。家での勉強は定期試験前の一週間だけ。授業中も目をあけて寝ていることがある。金谷先生はめざとくて、英語の授業は油断がならなかった。一度、僕は不意に質問され、先生の質問をそのまま鸚母返しにして、満座の大爆笑を誘った。

ただ一つの目標に向かって、切磋琢磨する。体を鍛え、体でティーム・プレーを覚える。その成果は目に見えて現れ、相互の信頼も深まる。切磋琢磨と献身と、その結果は初めは思いも及ばなかった高みに僕たちを導いた。「なせばなる」。これは、その年東京で開かれたオリンピックで女子バレー・ボール初の金メダルを取った大松監督の言葉だが、当時の我々には決して他人事の、空虚なスローガンではなかった。

我々のティームは、横の団結で成り立っていた。金谷先生という優れた指導者がいなかったら、このティームが出来なかったのは間違いない。また、先輩たちの献身的な協力がなければ、我々が育つことはなかっただろう。しかし、我々のティームは基本的には横の団結と自発的な切磋琢磨の中で成長した。日本の運動部には、厳しい先輩・後輩の上下関係と、それを背景としたいわれなき強制の伝統がある。しかし、我々は自らの経験により、それが誤りであることを確信する。強いティームは拘束的な上下関係と圧制がなくても作れる。むしろ、それがない方が作りやすい。近頃の藤島部屋の躍進にも見られるとおりである。勿論、金谷先生のような優れた指導者との出会いがあれば、の話であるが。

中学の一年足らずの日々、それは私の今までの人生で、最も純粋な、最も手ごたえのある体験であった。それからの四半世紀の間に、私は幾つかの浮沈を経験したが、あのような素晴らしい経験をしたことは二度とない。附属野球部の日々は、私の心の中で、すでに人生のかけがえのない宝物、黄金の輝きに包まれた伝説と化しているのである。

金谷先生、修君、笠、神原、保田、橋本、児玉、今福、大久保。(3) ありがとう。そして、これからも、よろしく。

註

（1）このエッセイは中学野球部のティームメイトによる回想集のために書かれた。

（2）当時のスコアブックによると、この記憶は間違いで、我々は最初からビハインドだった。

（3）フルネームは、監督金谷茂男、ピッチャー村上修、キャッチャー小笠原勉、一塁神原博道、三塁保田健、ショート橋本良訓、レフト児玉八州彦、センター今福健雄、ライト大久保寿繁。

歴史家が歴史に出会うとき——あとがきに代えて

結びに当たって、著者の知的来歴を簡単に記しておきたい。つい最近まで、私は講義や論文では自身の来歴や世界観を語らず、メディアにも顔を出さないように努めてきた。しかし、本書では敢えて自己を語る文章を集めたので、ここで若干の補足をしておきたい。

私の歴史との出会いは一風変わったものである。小学校の高学年のとき、病気で一カ月ほど休んだが、そのとき、父が『科学発達物語』（白井俊明著）という本を買ってきてくれた。バビロニアから始まって原子力の時代までを語った西洋科学史である。子供向けの本で人物中心に書かれていたから、とっつき易く、おかげで中学に入っても初めは理科の授業は聞き流しですませられた。しかし、しばらく経つと私の頭は理論研究には向いていないことが判明し、関心は社会や歴史に向かうようになった。しかし、この本は今に至るまで影響を遺している。自然科学と人文学を地続きの学問として考えること、かつ自分を彼らの仲間、西洋学者の一員と考える癖である。

高校二年になると新書判の本が読めるようになった。学校で世界史を学ぶかたわら、自宅では、E・H・カーの『歴史とは何か』、増田四郎『ヨーロッパとは何か』、大塚久雄『社会科学の方法——ヴェーバーとマルクス』などを読んだ。たまたま生徒会にトラブルが起き、その処理に苦心する中で、社会科学と歴史への関心が自ずから深まったようである。定期試験の直前になると、勉強はそっちのけにして、これらを読みふけることが多かった。枕元にウェーバーの『プロテスタンティズムの倫理と資本主義の精神』とマルクス・エンゲルスの『共産党宣言』を置いておき、大学に入ったら熟読できるはずと楽しみにしていた。日本史はその後、高三で学んだが、あまり面白くなかった。大学入試が近づいて、他科目の勉強に追われ、中身のある本に接する時間がなかったからだろう。

というわけで、大学に入ったときの私は、社会学か西洋史を学ぼうと考えていた。ところが、東大入学の三カ月後に大紛争が勃発し、半年以上、休講が続いた。目の前で集団的発狂というほかない事態が生じた。そこで語られる言葉は非日常的なもので、私には理解できない。しかし、それは巨大な感情を巻き起こし、キャンパス内の人々を思うさま操っている。日本の大学紛争は、パリの五月革命、中国の文化大革命と同時に起きたが、そこに共通して見られた集団的狂騒は、私の理解を超えていた。今まで読んできた書物にも書いてなかった。エリック・ホッファーの著作のように、このような現象を捉えた著作はあるにはあったのだが、まだ私の視界には入っていなかった。

強制された休暇の中で、私の関心は二方面に向かった。集団的発狂への驚きは政治心理学や象徴行動論への関心を促したが、それ以上に私が凝ったのは言語哲学だった。目の前で交わされる言葉は意味不明だ。これは信ずるに値するか。翻って、言葉が信ずるに値する意味を持つとしたら、どのような条件の下においてか。これを確かめるため、論理実証主義や分析哲学の本を読みあさった。自然科学での言葉の使い方を厳密に分析する学問で、その方法を日常生活まで適用すれば世のトラブルは少なくなるはずだという見込みを内包していた。カール・ポッパーの著作、とくに『歴史主義の貧困』というタイトルで訳されたものに、それが如実に出ている。私はこれらに深く共感したが、それは逆に集団的狂騒という現実との乖離を強める結果となった。後に思いがけずも明治維新の研究を始めることになったが、このディレンマは未だに解決できないでいる。

分析哲学との出会いは、他面、今まで学んできた歴史や社会科学の著作がいかに曖昧な説明で済ませているかを教えた。『プロテスタンティズムの倫理と資本主義の精神』の二つの核概念を結びつけるウェーバーの論理は曖昧で、資料による裏付けもできていない。社会科学は当時、数量分析の大流行の時代に入り、この弱点の克服が始まっていたが、その反面、自然科学と同様に問題を狭く区切り、因果関係を確認することに専ら関心が絞られたため、社会の学問としては魅力がなくなりつつあった。

その時、政治学者佐藤誠三郎先生のゼミに入ったことが日本史への道を開いた。多種多様な本を乱読するゼミで、二年生の後半には、Kenneth Boulding の *Conflict and Defense* という紛争をゲーム理論などの数理モデルで解釈する本を読んだが、マリウス・ジャンセン編『日本における近代化の問題』も印象的だった。ジャンセンやホール、ドーアなど、米欧の学者による日本史は同時代の日本人による著作と比べ、テーマ設定も解釈もはるかに自由で、新鮮だったのである。佐藤先生自身の著作も魅力的だった。明治維新に関するその論文は、西洋産の心理学や政治学などを駆使しつつ、人物像を生き生きと描き出していた。日本の近代史なら、様々の理論を下敷きにした歴史が書けるかも知れず、逆に日本史の中から一般的に適用できるモデルを開発できるかもしれない。そうした展望を発見したとき、私は、それまでは疎遠だった日本史の研究に入り込んだのである。

文学部では昭和政治史の伊藤隆先生のもとで原史料の扱いを徹底的に学んだ。卒業論文は失敗作だったが、それに懲りて修士論文では本来の関心に立ち戻り、明治期の東大と社会移動というテーマを取り上げた。それで何とか博士課程に進学できたが、その終わり頃、私はまたまたテーマを変えた。学歴社会の形成というテーマが陳腐に見えだし、それ以前、学校が出世と無縁だった時代に関心が移ったのである。博士論文が最低限の就職条件になっている今日から思えば信じがたい話だが、ろくな発表論文がないのに、私は学習院女子短大に職を得ることができ、以後、十八世紀末から明治に至る歴史を講義しながら、基本史料を順次読み始めた。三十代半ばになって「開国前夜」というペリー来航直前の十年を扱った論文を書き、ようやく自分でも納得しうる成果を得た。その直後の夏には、東大入学直後にゼミに入ったことのある見田宗介先生の『時間の比較社会学』を見つけ、これを読んだ後、維新での「復古」は特殊現象でなく、普遍現象かも知れないと思いついた。私はそれまで、次のテーマが見つからず、これで職業的な歴史家としてやってゆけるのか不安だったが、その後は次々と研究課題が浮かんで来るようになった。

三十八歳の時、東大教養学部に戻ったが、これを機に活動領域を海外にまで拡大した。佐藤先生がソウルの学会に、また、共同研究していた経済史の斎藤修さんがアメリカのインディアナで開かれるMidwest Japan Seminarに出かけるよう世話して下さったからである。この頃のテーマは明治維新をナショナリズムの革命と見、筋道立てて説明することだったが、まだ維新をモデル開発の場に使う域には到らなかった。

海外に出始めた直後には、インドのデリー大学に客員教員として招かれ、これが世界の中で日本史を考える重要な出発点となった。四カ月、飲み水に気をつけながら生活する一方、どんなに文化が異なっても人間の基本は同じだと実感したのである。院生時代から当時に到るまで、日本では日本文化論が大流行で、日本と外国の差異が強調されていたのだが、インドで生き延びるには日本文化に拘るわけにはゆかない。また、日本の近代の基盤は近世に既に出来ていたという解釈も盛んだったが、これまた怪しい。インドの友人たちは目前の問題を克服するという観点から明治の日本に眼を向けていた。ここでは歴史の連続性はむしろ厭うべきことであり、変革への意志と方法こそが重要なのだった。明治人の史料に親しんでいた私にはよく分かる発想で、以後、私は幕末明治の日本を開発途上国の現状と重ねて見るようになった。

インドから帰った後、今度は初めて中国に出かけた。北京の日本学研究センターに短期赴任したのだが、私は、確かに貧しさが目に付くけれど、インドよりは発展の見込みがあるという印象を持った。中国が世界経済のリーダーになった今から思えば、文字通り隔世の感がある記憶だが、その反面、自由の欠如に対する知識人たちの嘆きは今も変わらない。のち、近隣諸国の研究たちと東アジアにおける民主化の比較研究を行い、二〇〇四年に『東アジアの公論形成』という編著を出版したが、その出発点は最初の訪問時の印象にあった。

当初、私の外国学者との付き合いは北米が主となっていた。最初のサバティカルでは近世史のロナルド・トビ氏がいるイリノイ大学アーバナ・シャンペイン校に滞在し、その間にナショナリズム論の骨格を書き上げ、その上で維新史の先達マリウス・ジャンセン先生の小伝を書くためにプリンストンまで飛んでインタビューした。年一回会開かれるアメリカアジア学会（AAS）にも何度か出かけ、発表やパネルの組織に当たったが、その経験はとても役立った。論文の書き方が変わったのである。冒頭で主題と見通しを手短に提示し、その後に本文に入るという構成法で、それは日本語で論文を書く際にも反映された。こうした中、近世史のルーク・ロバーツ氏（カリフォルニア大学サンタ・バーバラ校）や近代社会史のアンドルー・ゴードン氏（ハーヴァード大学）と親交を結ぶようになった。ゴードン氏とは相互に招聘を行い、その結果、二〇〇八年から一年間、ハーヴァードに滞在して、『大人のための近現代史』を編集する一方で、もっぱら英語により研究会の組織や講演、論文執筆を行った。

一方、二十一世紀に入ると、中国・韓国から歴史認識問題が提起された。日本の歴史教科書に我が国を傷つける誤った記述がある、訂正せよというのである。問題はもっぱら二十世紀前半の日本による加害行為にあり、私の専門外だったが、これに対する日本の世論と学界の対応があまりに鈍いので、史実に即してこれを正すため国内での論戦と隣国との対話に身を投じた。このとき、手を差し伸べてくれたのが、旧知の同窓劉傑氏と、同僚の並木頼寿氏の友人李成市氏である。劉傑氏は当時、中国での政権交代に日中の知的冷戦を解消する可能性を見ていたのだが、この緊急事態にも敏速に対応して、日中の若手歴史家を糾合して共同研究会を開いた。私はその成果を東京大学出版会から『国境を越える歴史認識』として出版する手伝いをしている。他方、同じく早稲田の李成市氏は、韓国と日本に在住する韓国史と日本史を専門とする若手を糾合した研究会を開いていた。これは日本と韓国のナショナリズムのいずれにも批判的な立場を取るグループであり、私は彼らの自由で率直な対話を実見して、少しでも自国ナショナリズムに距離を置くならば、これほど厳しい環境の中でも国境を越える対話が可能になることを発見した。

歴史認識をめぐる対話は、二〇二〇年の現在、ほとんど停止している。二十一世紀の初頭、日本の学者たちは隣国の同業者と協力して努力を重ね、学者同士の対話はかなりできるようになった。しかし、政治家と世論はその後、現在の領土問題を敢えて争点化し、国民間の敵意を煽る行動に出た。中国での対話パートナーの一人、歩平氏は亡くなる直前の講演で、学者同士では国境を越える対話は可能になったが、それはむしろ学者たちと政府・世論との間の距離を拡げたと嘆いた。我々が達成したのは、しばしば誤解されるような、「同じ認識」の共有ではない。対話の中では必ず認識の差違が現れる。それがどこから来るのか、その由来を知ること自体が隣国を理解し、感情の爆発を抑制する手だてとなるのである。無論、歴史の事実の発掘と公開は今後も必要である。しかし、こうした学者の努力自体に国民間の和解をもたらす力はない。各国民自身がまず隣国との協力の必要を自覚し、努力を始めるのが先決で、その意志があるときに初めて、歴史家の仕事は生きるようになるのである。

私は五十代に歴史認識問題にかなりの時間を割いたが、本来の専門である幕末・明治の政治史も併行して勉強していた。その中には、「なぜ、維新のような突然の変化が起きるのか」という理論的研究も含まれる。これはマルクス主義の没落以来、歴史学の世界から追放されてしまった問題だが、はっきりとした原因の見えない明治維新の研究者としては避けて通れない課題である。このため、私は数理科学の一分野、複雑系について勉強を始め、『明治維新を考える』で一応の見通しを与えた。社会を固定した構造物と見ず、絶えざる変化の中での一瞬の断面と考える。このような発想法の転換は私の頭をより広い世界に解放してくれたように思う。二〇一七年末に刊行した明治維新の通史、『維新史再考』（NHK出版）は、そうした知的基盤の上に書かれたものであり、今年刊行の『日本史のなかの「普遍」』（東京大学出版会）の第一部にも関連論文を収めた。私は現在、その延長上に、世界近代の革命七種を、「公論と暴力」の関係をめぐって比較する国際的な研究会を始めている。自分の専門、つまり史料を博捜し、精読している対象はあくまでも十九世紀の日本史なのだが、それを日本固有のものと考えず、むしろ世界全体を知るための道具として使おうとするのである。小学生の時に科学史を学んだこと、またインドで体験したこと。私は様々な分野に手を付けてきたが、意外に一貫した発想で仕事をしてきたのかも知れない。

二〇二〇年二月十一日

三谷 博

初出一覧

Ⅰ

「幕末維新の、ここが面白い」上田純子編『幕末維新のリアル』吉川弘文館、二〇一八年
「明治維新」三浦信孝・福井憲彦編『フランス革命と明治維新』白水社、二〇一八年
「攘夷から開国に変わった理由を教えてください。」『日本歴史』七六四号（二〇一二年）
「グローバル化への対応」『学際』一号（二〇一六年）

Ⅱ

「アメリカは小さい国である」『環』五一号（二〇一二年）
「『坂の上の雲』の在りか」二〇〇九年日本思想史研究会年次大会発表原稿（韓国・壇国大学校）
「日中韓の歴史認識問題」金香男編『アジア共同体への信頼醸成に何が必要か』ミネルヴァ書房、二〇一六年

Ⅲ

「駒場の情景」『教養学部報』五七二号（二〇一五年）
「並木さんの懐い出」『ODYSSEUS』一四号（二〇〇九年）
「佐藤誠三郎先生語録」『佐藤誠三郎追想録』秀明出版会、二〇一四年
「インド滞在記」金谷茂男編『素晴しい九人の野球仲間と私』私家版、一九九五年
「中学野球部の回想」同上

著者略歴

三谷博（みたに・ひろし）
一九五〇年生まれ。東京大学大学院人文科学研究科博士課程修了。文学博士。東京大学大学院総合文化研究科教授を経て、現在、跡見学園女子大学文学部教授、東京大学名誉教授。著書に『明治維新とナショナリズム』（山川出版社、サントリー学芸賞）、『ペリー来航』（吉川弘文館）、『大人のための近現代史　一九世紀編』（共編、東京大学出版会）、『明治維新を考える』（岩波現代文庫）、『愛国・革命・民主』（筑摩選書）、『維新史再考』（ＮＨＫブックス）、『フランス革命と明治維新』（共著、白水社）、『響き合う東アジア史』（共編、東京大学出版会）、『日本史のなかの「普遍」』（東京大学出版会）他。

日本史からの問い
比較革命史への道

二〇二〇年　三　月一〇日　印刷
二〇二〇年　三　月三〇日　発行

著　者　ⓒ　三　谷　　博
発行者　　　及　川　直　志
印刷所　　　株式会社　三陽社
発行所　　　株式会社　白水社

東京都千代田区神田小川町三の二四
電話　営業部〇三（三二九一）七八一一
　　　編集部〇三（三二九一）七八二一
振替　〇〇一九〇‐五‐三三二二八
郵便番号　一〇一‐〇〇五二
www.hakusuisha.co.jp
乱丁・落丁本は、送料小社負担にてお取り替えいたします。

株式会社松岳社

ISBN978-4-560-09745-8
Printed in Japan

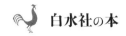